sabedoria
teogastronômica

José Tolentino Mendonça
e a gramática culinária
humano-divina

Francys Silvestrini Adão, SJ

sabedoria teogastronômica

José Tolentino Mendonça
e a gramática culinária
humano-divina

Tradução:
Marcelle Azeredo

Título original:
La vie comme nourriture
Francys Silvestrini ADÃO
© Éditions jésuits, Paris – Bruxelles, 2023. All rights reserved.
323 rue du Progrès – 1030 Bruxelles – Belgique
ISBN 978-2-494374-09-6

Dados Internacionais de Catalogação na Publicação (CIP)
(Câmara Brasileira do Livro, SP, Brasil)

Adão, Francys Silvestrini
Sabedoria teogastronômica : José Tolentino Mendonça e a gramática culinária humano-divina / Francys Silvestrini Adão ; tradução Marcelle Azeredo. -- São Paulo : Edições Loyola (Aneas), 2024. -- (Sabedoria para o nosso tempo)

Título original: La sagesse théogastronomique : José Tolentino Mendonça et la grammaire culinaire de l'humain ("La vie comme nourriture")
Bibliografia.
ISBN 978-65-5504-417-1

1. Estética - Aspectos religiosos - Cristianismo 2. Sabedoria 3. Teogastronomia 4. Teologia I. Título. II. Série.

24-235386 CDD-230.01

Índices para catálogo sistemático:
1. Teogastronomia : Teologia   230.01
Cibele Maria Dias - Bibliotecária - CRB-8/9427

Revisão e adaptação: Francys Silvestrini Adão, SJ
Preparação: Mônica Glasser
Capa: Execução e finalização pelo departamento de Projetos Gráficos de Edições Loyola a partir do conceito original de Lilian Soares Vidal
Diagramação: Desígnios Editoriais
Ilustrações da capa: Lilian Soares Vidal
Ilustrações do miolo: © KatyaKatya (© Adobe Stock)

Edições Loyola Jesuítas
Rua 1822 n° 341 – Ipiranga
04216-000 São Paulo, SP
T 55 11 3385 8500/8501, 2063 4275
editorial@loyola.com.br
vendas@loyola.com.br
www.loyola.com.br

Todos os direitos reservados. Nenhuma parte desta obra pode ser reproduzida ou transmitida por qualquer forma e/ou quaisquer meios (eletrônico ou mecânico, incluindo fotocópia e gravação) ou arquivada em qualquer sistema ou banco de dados sem permissão escrita da Editora.

ISBN 978-65-5504-417-1

© EDIÇÕES LOYOLA, São Paulo, Brasil, 2024

Para
minhas catequistas,
que nutriram minha fé
ainda germinal,
e às pessoas que me
ofertaram
a dádiva de sua irmandade,
temperando minha vida
com sabores surpreendentes.

Sumário

Lista de abreviações 9
O leitor protagonista, o cozinheiro cientista e o teólogo sábio 11
Para abrir o apetite: entrar na sabedoria da fé pela porta
da cozinha 19

PARTE UM
A OUSADIA DE UMA LEITURA PESSOAL E COMPARTILHADA

1. A leitora e o leitor no centro da exegese bíblica................. 29
2. A humanidade global em construção: aprendendo a ler o
   presente.. 41

PARTE DOIS
A "CONSTRUÇÃO" DO HUMANO: UM MISTÉRIO DE AUTOTRANSFORMAÇÃO

3. Uma espiritualidade amiga da humanidade: a arte da
   presença real 63
4. Uma iniciação à própria humanidade: o ato da
   alimentação 89

PARTE TRÊS
UM POVO "SEPARADO"
E UMA MESA SEM FRONTEIRAS:
UMA UTOPIA À MODA ANTIGA

5. Desvendar o gosto de um povo: entre doçuras e amarguras 107
6. A construção da reciprocidade: passos da amizade humano-divina 129
7. Ler nossa gênese em chave "gastronômica": uma poética de separação e união 147

PARTE QUATRO
A BOA NOTÍCIA DE UMA VIDA (PER)DOADA:
A HUMANIDADE HOSPITALEIRA DE JESUS

8. Um novo limiar para o humano: abrir-se à hospitalidade universal 171
9. Cumprir a utopia de um povo: uma comensalidade fecunda . 195
10. Uma refeição paradigmática: quando a cidade invade uma casa 209

Uma conclusão faminta de recomeços: a sabedoria do encanto com o outro... 233
A sabedoria cultivada à volta de uma mesa............................ 239

Bibliografia... 245

Lista de abreviações

Nas notas deste livro, as citações das seguintes obras de José Tolentino Mendonça estarão indicadas pelas iniciais das palavras do título:

HD   O hipopótamo de Deus
LI   A leitura infinita
CJ   A construção de Jesus
PNT Pai nosso que estais na terra
NCL Nenhum caminho será longo
MI   A mística do instante
TE   O tesouro escondido

O leitor protagonista, o cozinheiro cientista e o teólogo sábio

Pedro Rubens F. Oliveira[1]

Apresentar uma obra é, antes de tudo, comparecer a um encontro, no caso, como leitor, depois de ter sido interlocutor em conversas e partilhas, experiências que me colocam, primordialmente, no lugar de gratidão, contentamento e admiração. Isso significa, igualmente, assumir a posição de testemunha de um itinerário, como companheiro de vida religiosa, de missão e, não menos, de profissão – teólogo; encruzilhadas que me autorizam a falar da gestação[2] de um pensante talentoso

---

1. Jesuíta, mestre e doutor em Teologia pelo *Centre Sèvres – Facultés Jésuites de Paris*. Desde 2006, é reitor da Universidade Católica de Pernambuco. É autor de *O rosto plural da fé* (Loyola, 2008), *Lugar onde os pássaros cantam e as pessoas contam histórias* (Confraria do Vento, 2011), *As portas de uma Igreja aberta segundo João Evangelista [E outras histórias que a Bíblia não contou]* (Paulinas, 2019), *Novena dos sete sonhos de São José* (Paulinas, 2024), entre outros livros e artigos relativos aos seguintes temas: discernimento teológico, fé cristã e religiosidade popular, teologia contextual e método teológico.
2. Apesar de ser uma palavra pouco habitual neste contexto, "gestação" é a melhor tradução do sentido de uma categoria importante no pensamento de Christoph Theobald, a saber *engendrement*, utilizada por Francys Adão em alguns cursos e reflexões. Ver notadamente

e das primícias de um pensamento promissor. Trata-se, então, de uma apresentação genealógica, exercício de releitura de um itinerário a partir do momento presente, mas na perspectiva de uma promessa.

A obra de Francys Silvestrini Adão, *Sabedoria teogastronômica*, é parte de uma trilogia, situada entre a última publicação recente, *Autobiografia gastronômica* (Loyola, 2024) e a próxima, *A vida como alimento*[3]. Esse projeto teológico encontra suas primícias, arrisco dizer, na sua dissertação de mestrado[4] e, mais precisamente, na seção "Breve hermenêutica da brasilidade", que já revelava uma bela intuição; porém, naquele momento embrionário, foi modestamente servida como aperitivo em face do banquete a que agora somos convidados.

E não posso deixar de felicitar o autor por ter voltado àquela intuição original, depois de degustar teologias outras, entre um continente e outro, entre épocas distintas como a da patrística (sob a tutoria de Bernard Sesboüé, na graduação) e da teologia contextual brasileira (sob a orientação de Mário de França Miranda, no mestrado), na busca de um lugar teológico outro. Trata-se, porém, da busca

> [...] não apenas de um lugar hermenêutico para a teologia, mas um verdadeiro lugar teológico, uma fonte que explicita

---

BACQ, P.; THEOBALD, C. (Orgs.), *Uma nova oportunidade para o Evangelho. Para uma pastoral de gestação*, Prior Velho (Portugal), Paulinas, 2013.

3. Sendo a terceira parte objeto do próximo volume no Brasil, a trilogia é uma edição modificada e adaptada, pelo próprio autor, da edição francesa de sua tese: ADÃO, F. S., *La vie comme nourriture*, Bruxelles/Paris: Éditions Jésuites, 2023b.
4. ADÃO, F. S., *A "encarnação" do discurso teológico no Brasil. Clodovis Boff: teoria, revisão e debate*, dissertação (Mestrado), PUC-Rio, 2013.

a revelação na sua versão inculturada em uma cultura determinada, portanto, um lugar de uma autêntica teologia inculturada, que pode servir de inspiração universal para teologias distintas, inculturadas em outras culturas[5].

Neste passo, convido o leitor a um breve retorno à dissertação de mestrado do nosso autor: depois de um estudo rigoroso, acolhedor e crítico do pensamento de Clodovis Boff, situando-o no debate teológico brasileiro que ele suscita ainda hoje, obstinadamente, Francys Adão levantou uma questão fundamental sobre o "porquê" de uma busca incessante de teólogos brasileiros à procura de reconciliação entre realidades opostas e até, aparentemente, contraditórias. À questão levantada, ele responde com uma série de perguntas que, de certa forma, são programáticas:

> [Contudo] não poderíamos identificar aí, também, implicitamente, uma espécie de imperativo cultural? Não se nota neste debate intelectual uma tensão entre ordem (hierarquia) e flexibilidade (relações), texto (mediações filosóficas e científicas de matriz europeia) e contexto (situações brasileiras concretas), rigor (ciência) e cordialidade (afetividade), dom (intuição) e conquista (esforço metódico), clareza (pureza) e emaranhado de informações e perspectivas (mistura)? Essa tensão não se inscreveria em uma dinâmica cultural mais ampla, que pode iluminar nossa reflexão e expandir os horizontes de nossa análise?[6]

---

5. SCANNONE, J. C., *A teologia do povo. Raízes teológicas do Papa Francisco*, São Paulo, Paulinas, 2019, 69.
6. ADÃO, *A "encarnação" do discurso teológico no Brasil*, 93.

Por um lado, essas questões e o caminho de busca de respostas já indicavam as primícias de um pensamento em gestação desse jovem teólogo brasileiro, expressando seu desejo primevo e sua perspectiva legítima de reconciliação (portanto, para além da dialética ou da correlação) não apenas do pensamento em debate, mas também da própria identidade (de pessoa e teólogo) e de pertença (cristão e jesuíta), na perspectiva de uma "nova identidade nacional"[7]. Por outro lado, não satisfeito de fazer conciliações simplistas, embora correspondam ao gosto brasileiro de polarizações de ontem e de hoje (como aponta a experiência de final de campeonato), Francys foi encontrar outra pista, igualmente bem brasileira e não menos universal: a relação com a comida. Inspiração que ele encontra em dois grandes teólogos brasileiros – um no epicentro do debate de sua dissertação, Clodovis Boff, e outro, grande conciliador, jesuíta mineiro, que fazia avançar a reflexão mediante distinções e sínteses, recheadas de metáforas e esquemas didáticos, João Batista Libanio –, mas, sobretudo, nas Sagradas Escrituras, alma da teologia[8].

Inspirados pela busca de Clodovis por uma teologia *saborosa*; pela evocação de Libanio sobre o *sabor* do doce e a *receita*; pela recorrência bíblica do dom do *alimento*, desde Gênesis, passando pelos Evangelhos (multiplicação dos pães e ceia eucarística), chegando ao banquete escatológico do Apocalipse; e nossa própria questão inicial, que buscava

---
7. Ibid., 95.
8. PAULO VI, PAPA, *Constituição Dogmática Dei Verbum. Sobre a revelação divina*, 1963, n. 24, disponível em: https://www.vatican.va/archive/hist_councils/ii_vatican_council/documents/vat-ii_const_19651118_dei-verbum_po.html, acesso em: out. 2024.

não só compreender, mas também *alimentar* a fé em terras brasileiras, tomamos a liberdade de partir de uma realidade banal, mas fundamental na vida de qualquer ser humano, em qualquer lugar do planeta: a relação com a comida[9].

Todavia, entre aquelas sementes do mestrado e a grande colheita do doutorado, dois outros encontros principais foram determinantes para a gestação do jovem teólogo capixaba: primeiro, o encontro e trabalho com um pesquisador instigante como Christoph Theobald, notadamente convivendo com as noções de estilo e gestação[10], orientador da tese que está sendo traduzida e reescrita na trilogia em pauta; segundo, o encontro com a obra e o autor José Tolentino Mendonça, a partir de uma obra que revela o encontro com Deus entre "a cozinha e a mesa"[11], na qual o exegeta revisita uma vasta tradição de pensadores, dos mitos amazônicos à arte culinária. Se, de uma parte, o teólogo que propõe um cristianismo como estilo no contexto da pós-modernidade pôde oferecer ao então doutorando um instigante paradigma de uma teologia sistemática aberta, sem esquecer a importância da música no itinerário theobaldiano, influenciando assim o seu modo sinfônico de pensar, por sua vez, o poeta da Ilha da Madeira, leitor e hermeneuta das Sagradas Escrituras – considerando estas como um grande código cultural –, veio ao encontro não somente das perguntas do brasileiro, mas também da busca de um novo

---

9. Adão, *A "encarnação" do discurso teológico no Brasil*, 95.
10. Ver especialmente Theobald, C., *Le christianisme comme style. Une manière de faire de la théologie en postmodernité*, t. 1 et 2, Paris, Éditions du Cerf, 2007.
11. Ver especialmente a seção intitulada "A cozinha e a mesa", em Tolentino Mendonça, J., *A leitura infinita. A Bíblia e a sua interpretação*, São Paulo, Paulinas, Recife, Unicap, 2015, 159-200.

jeito de fazer teologia, considerando os fragmentos pós-modernos como "cacos para um vitral"[12]. Dito de outro modo: identificado com a sistemática teológica de um, Francys acolheu o convite de sentar-se à mesa com o outro, com liberdade curiosa de ficar passeando entre a mesa e a cozinha, sensível à mistura dos temperos de cada território visitado, experimentando que, originariamente, a Bíblia é para comer e a sua leitura é devorante, incluindo uma diversidade de sabores e saberes, ruminando sabedorias antigas e novas, entre origem e promessa. Vale destacar, porém, que esses dois interlocutores maiores de Francys Adão convergem em pelo menos três pontos de encontro que me são igualmente caros: a fé na revelação como experiência mística do cotidiano, a noção de um cristianismo como hospitalidade e a busca de uma teologia como sabedoria.

A proposta de uma sabedoria teogastronômica encontra em José Tolentino Mendonça um interlocutor privilegiado na forma e no conteúdo. Mas, ao mesmo tempo, uma dificuldade insuperável evidencia-se: como sistematizar o pensamento de um poeta místico? Com maestria, reverência e respeito ao estilo literário do poeta das Escrituras, Francys propõe, na presente obra, um itinerário propedêutico desse autor fascinante que conquistou o coração do público brasileiro, até mesmo antes de chegar ao Vaticano. Mas, para isso, a maneira instigadora e original de Theobald buscar, incansavelmente, "as razões de nossa esperança" (1Pd 3,15) para propor uma teologia em pós-modernidade facilitou a tarefa que o autor aqui

---

[12]. Essa expressão, título de um poema de Adélia Prado, traduz bem o estilo fragmentário da obra de Tolentino: ver Prado, A., *Terra de Santa Cruz*, em *Poesia reunida*, Rio de Janeiro, Record, 2016, 183-184.

se propôs, embora em sua forma inacabada, isto é, aberta ao futuro que nos é dado como presente e promessa.

Inútil seria antecipar aqui elementos que o leitor encontrará nesta obra, a qual, além de muitos méritos, também tem o de ser bastante didática, fluente e gostosa de ler. Além disso, aprendemos com Tolentino não somente a valorizar a leitura, mas também o protagonismo do leitor, conforme a história da própria hermenêutica: pois, se a arte de interpretar estava antes voltada para descobrir a intenção do autor e depois ficou muito centrada no texto, agora assiste ao advento do leitor[13].

E a emergência do leitor na teoria da interpretação é acompanhada, na obra [A leitura infinita], pelo exercício que se faz: ao saborear o livro, o leitor desperta todos os sentidos para voltar, de mais desejosa e apta, à leitura da Bíblia, com a promessa de descobrir, ruminando as palavras, as infinitas possibilidades de interpretação[14] [15].

Enfim, na forma e no conteúdo, no *corpus* do texto e no espírito da leitura do presente livro, pode-se, igualmente, fazer a experiência de descobrir as primícias de uma teologia que, antes de ser uma autobiografia gastronômica e uma teologia como sabedoria, corresponde a uma verdadeira "teografia"[16], gestada em uma biografia espiritual e em um itinerário

---

13. TOLENTINO MENDONÇA, *A leitura infinita*, 35-39.
14. OLIVEIRA, P. R. F., Apresentação à edição brasileira, in: TOLENTINO MENDONÇA, *A leitura infinita*, 8.
15. A pedido do autor, todas as citações diretas das obras de José Tolentino Mendonça foram conservadas em português europeu. [N. do E.]
16. Neologismo criado por ULPIANO VÁZQUEZ MORO, em *A orientação espiritual. Mistagogia e teografia*, São Paulo, Loyola, 2001, Col. Leituras e Releituras, n. 3.

de pensamento que não renuncia em nada ao ato teológico mais rigoroso, nem se situa entre as margens estreitas de alguns debates polarizados, tampouco se satisfaz com qualquer jeito de fazer teologia, mas que, singular e teimosamente, busca, com fidelidade criativa e não menor necessidade de assumir uma ruptura instauradora[17], uma "terceira margem do rio"[18], entre método seguro e caminho incerto, apostando em uma teologia mais sapiencial. Há, portanto, mais que uma simples busca de reconciliação entre extremos de debates já conhecidos. Trata-se de uma verdadeira solidariedade entre a troca de saberes que, ruminando sabores, busca a sabedoria como outro jeito de fazer teologia. Assim seja!

---

17. Essas duas expressões – fidelidade criativa e ruptura instauradora – não apenas são correlacionadas, mas também, de certa forma, inseparáveis, embora a primeira seja mais comumente utilizada que a segunda (CERTEAU, M. DE, Les structures de communion à Boquen, *Études*, t. 332, 128-136, janvier 1970).
18. GUIMARÃES ROSA, J., *A terceira margem do rio*, in: id., *Primeiras estórias*, Rio de Janeiro, Nova Aguilar, 1994, v. II, 409-413.

Para abrir o apetite: entrar na sabedoria da fé pela porta da cozinha[1]

Para além de qualquer identidade cultural e religiosa, uma *vida pessoal* é aquilo que cada um de nós tem de mais *comum* com todos os outros seres humanos dispersos pelo mundo, ao longo da história, e é, ao mesmo tempo, aquilo que temos de mais radicalmente *singular*, sendo impossível qualquer forma de transferência e de delegação da existência humana concreta que foi dada a cada pessoa. Você e eu conhecemos bem "as dores e as delícias" de ser aquela pessoa que *nós fomos* e esta pessoa que *nós somos*, mas ainda não temos ideia do que será aquela que *há de vir*! Para nos ajudar a viver essa aventura absolutamente pessoal, todas as sabedorias cultivadas pelas gerações humanas – mitologias e relatos experienciais, filosofias e ciências empíricas, religiões e espiritualidades, teologias e expressões literárias e artísticas... – oferecem, com suas linguagens específicas, um patrimônio coletivo para nos

---

1. Cf. TOLENTINO MENDONÇA, J., Entrar na Bíblia pela porta da cozinha. Prefácio do livro *A mesa de Deus. Os alimentos da Bíblia*, de MARIA LECTICIA MONTEIRO CAVALCANTI.

encorajar a assumir a exigente tarefa existencial que é a nossa, buscando alimentar nossos sonhos e nossa capacidade criativa, bem como atenuar os medos, as solidões e os impasses que podem surgir no meio do caminho.

Com isso no horizonte, este livro – o segundo de uma trilogia que apresenta aos leitores e leitoras de língua portuguesa o conteúdo de uma pesquisa doutoral que realizei em terras francesas[2] – quer ser uma simples e inspiradora ajuda para cada homem e mulher de nosso tempo, que desejam reler e redescobrir a trama de suas vidas à luz da Aliança humano-divina, testemunhada pela fé bíblica, em vista de encontrar antigos e novos caminhos de realização pessoal e de oferta generosa de si. O itinerário proposto neste livro é um mergulho consciente e decidido naquilo que há de mais ordinário e comum em nossa experiência humana, para encontrar, justamente aí, à disposição de quem queira, um portal que nos dá acesso ao Mistério humano-divino de uma vida pessoal extraordinariamente única e aberta, sempre surpreendente e com capacidade de nutrir e alegrar outras vidas.

É a isso que o título deste livro – *Sabedoria teogastronômica* – se refere. E o que essa curiosa expressão quer dizer? Na introdução do primeiro livro desta trilogia – *Autobiografia gastronômica* –, eu descrevi os três primeiros níveis da abordagem teológico-sapiencial que tenho buscado desenvolver:

---

2. Cf. Adão, *La vie comme nourriture*, 2023b. O primeiro livro da trilogia brasileira – com conteúdo autônomo, mas relacionado com este livro – é uma releitura da vida humana e da história do Brasil, em chave gastronômica, a partir da reflexão do sociólogo da alimentação Carlos Alberto Dória. Adão, F. S., *Autobiografia gastronômica. Carlos Alberto Dória e a construção de um projeto culinário autêntico*, São Paulo, Loyola, 2024.

Fazendo eco a outros pensadores e pensadoras, considero que a abordagem "gastronômica" de nossa realidade humana pode abrir portas para entendermos nossa vida, nossa nação e o tempo presente de uma nova maneira. E o que isso significa? Em um sentido imediato, a gastronomia moderna diz respeito ao *prazer à mesa*: indo além das necessidades básicas, ela pertence ao reino da alegria e da gratuidade. Em um segundo nível, mais reflexivo, ela corresponde a um sistema de saberes voltados ao alcance do prazer no mundo da alimentação, sendo, assim, um *conhecimento culinário ordenado*: a história, as narrativas, os gostos, os valores e os dissabores de uma pessoa e de um povo.

Mas esses dois níveis nos levam a um terceiro, revelado pelos fragmentos dessa palavra, quando observamos seu significado etimológico: uma reflexão gastronômica (de γαστήρ, *gastér*, "estômago, ventre" + νόμος, *nómos*, "lei, norma") manifesta uma *normatividade própria das entranhas*, trazendo à luz aquilo que está inscrito em nossa "carne" – nossa realidade sensível, histórica e relacional – e que muitas vezes escapa às nossas palavras[3].

A *teogastronomia* acrescenta um quarto nível, profundamente implicado com os três precedentes. Para esta abordagem teológica, a realidade culinária – concreta, íntima e profunda – carrega em si algo do Mistério, adquirindo assim um valor *teofânico*, ou seja, capaz de manifestar a santidade divina nas incontáveis formas e linguagens de nosso mundo. De fato, nas Escrituras santas, vemos caminhar juntos, lado a lado, o processo de revelação de Deus e o processo de desenvolvimento

---

3. Adão, *Autobiografia gastronômica*, 18-19.

alimentar, com tudo o que ele implica. Como você verá ao longo deste livro, há algo no passo a passo das Escrituras que vincula, de modo instigante, a revelação divina, a salvação do mundo criado e a alimentação compartilhada. Por isso, a sabedoria teogastronômica vai se construindo a partir de um diálogo entre uma teologia bíblica atenta ao fenômeno alimentar e aberta às ciências da alimentação contemporâneas. Ao fazer esta opção, a teogastronomia reconhece que a Aliança humano-divina não privilegia o "extraordinário", mas se dá, sobretudo, no ordinário quase invisível do cotidiano. Cabe a nós, assim, ler os santos "sinais" presentes em nossas roças, em nossas cozinhas, em nossas mesas e em nossas entranhas, para abraçarmos o que conduz à saúde e à vida, e afastarmos o que conduz à intoxicação e à morte, tanto pessoal quanto coletivamente.

Em vista de nos auxiliar nesta viagem bíblico-existencial que estamos prestes a começar, contaremos com a sábia e amigável companhia de um biblista português, José Tolentino Mendonça. Esse teólogo-cardeal-poeta é considerado por seus editores como "uma das vozes mais originais do Portugal contemporâneo", um "biblista [que] faz dialogar os temas da espiritualidade cristã com as interrogações de nossa época"[4]. A Bíblia é a "matéria" principal de suas publicações. E a apreciação acima fala, também, de sua atenção à espiritualidade cristã e às questões de nosso tempo. Mas o que não é dito – e

---

4. Contracapa da tradução francesa do livro *A mística do instante*. Cf. *Le temps et la promesse. Pour une spiritualité de l'instant présent*, Nouan-le-Fuzelier, Béatitudes, 2016b. Desde 26 de setembro de 2022, Tolentino assumiu uma nova função confiada pelo Papa Francisco: ele é o prefeito do Dicastério para a Cultura e a Educação, do Vaticano.

é o que mais nos interessa neste itinerário que vamos começar – é seu *gosto* por tudo o que diz respeito à cozinha e à mesa, nos relatos bíblicos e em nosso mundo contemporâneo.

Dentre as obras com as quais trabalharemos, buscando destacar e saborear a sabedoria "culinária" humano-divina aí expressa, duas oferecem uma reflexão exegética de tipo mais sistemático: *A leitura infinita*, na qual o autor explicita sua abordagem específica no tratamento dos textos bíblicos; e *A construção de Jesus*, que apresenta ao público os frutos de sua pesquisa doutoral: uma exegese narrativa da refeição de Jesus na casa de Simão, o fariseu. Outros ensaios – que são expressões de seu projeto exegético – têm um enfoque espiritual mais pronunciado: *Pai nosso que estais na terra*, uma meditação sapiencial sobre a oração do pai-nosso; *Nenhum caminho será longo*, que propõe uma releitura da revelação bíblica e do caminho espiritual, a partir da experiência da amizade; *A mística do instante*, a proposta de uma espiritualidade cristã baseada nos sentidos corporais; *O tesouro escondido*, uma série de meditações espirituais e exegéticas sobre temas variados.

Com a ajuda segura deste excelente "guia" que acabamos de apresentar, poderemos avançar em nossa peregrinação teogastronômica, que está organizada em torno de quatro temas inter-relacionados. Na primeira parte – *A ousadia de uma leitura pessoal e compartilhada* –, nós nos aproximaremos das opções exegéticas com base na reflexão de Tolentino e explicitaremos sua compreensão das principais questões de nosso tempo, que nos exigem a elaboração coletiva de uma nova "gramática" da existência humana. Para colaborar com essa empreitada, as partes seguintes colocam à nossa disposição a sabedoria simples e profunda da fé bíblica, segundo o olhar de Tolentino. Na segunda parte – *A "construção" do humano:*

um mistério de autotransformação –, teremos acesso a uma reflexão sobre nossa condição humana, de da qual surgirá o convite a uma atenção às relações alimentares como um caminho de iniciação à nossa própria existência pessoal. Na terceira parte – *Um povo "separado" e uma mesa sem fronteiras: uma utopia à moda antiga* –, faremos uma releitura das Escrituras de Israel, prestando atenção no fenômeno alimentar como mediação da Aliança entre Deus e os seres humanos. Por fim, na quarta e última parte – *A boa notícia de uma vida (per)doada: a humanidade hospitaleira de Jesus* –, veremos de que maneira a Boa Notícia cristã mostra Jesus como a realização e a radicalização da utopia alimentar judaica: a partir de uma existência toda eucarística, Ele convida cada pessoa a ousar viver "a vida como alimento"[5], em vista de glorificar ao Pai por meio do dom de si, capaz de nutrir e alegrar a vida de uma multidão de irmãos e irmãs.

Espero que esta pequena viagem alimentar pelo mundo contemporâneo, à luz das Escrituras judaico-cristãs, ajude você a descobrir novos sabores presentes na fé bíblica, em sua própria vida e em seu círculo de relações. Em qualquer casa, das mais despojadas às mais refinadas, a porta da cozinha dá acesso a um lugar de muito trabalho, serviço e cansaços, é verdade! Mas essa porta também nos conduz, como sabemos, a um lugar repleto de amizades, intimidades e histórias para contar. Se aprendemos a gostar tanto das cozinhas e das mesas, como podemos achar que Deus estaria distante daí?

---

5. *A vida como alimento. Um discernimento eucarístico do humano fragmentado* é o título do terceiro livro desta trilogia teogastronômica.

Seguindo o conselho de um companheiro de Jesus que se tornou um grande mestre espiritual, Inácio de Loyola, sugiro que você não avance rápido demais em sua peregrinação, tentando buscar nestas páginas o "muito saber" – porque isso não nos dá saciedade nem satisfação espiritual –, mas tome tempo para "sentir e saborear internamente as coisas"[6], deixando-se desconcertar e encantar pelas muitas surpresas que o caminho nos reserva.

Uma vez mais, desejo-lhe uma boa leitura e um bom apetite!

---

6. Cf. INÁCIO DE LOYOLA, *Exercícios Espirituais*, Braga, Apostolado da oração, 2012, n. 2.

PARTE UM

A OUSADIA DE UMA LEITURA PESSOAL E COMPARTILHADA

1
A leitora e o leitor
no centro da exegese bíblica

Nestes primeiros passos de nosso itinerário bíblico-existencial, convém não dar como pressuposto que conhecemos o mundo da Bíblia e, muito menos, que já adquirimos a habilidade necessária para acessar sua riqueza inspiradora e, sobretudo, para ler o mundo a partir de um olhar transfigurado por essa inspiração. Como aprendizes que desejam fazer novas descobertas, seguiremos Tolentino em sua própria visão do manancial das Escrituras, e assim poderemos entender melhor as opções teórico-espirituais que estão no fundamento das reflexões apresentadas ao longo deste livro. Então, minha amiga, meu amigo: ânimo e generosidade para começar esta aventura!

Avizinhar-se das Escrituras santas

Em sua apresentação da Bíblia, o teólogo português destaca a pluralidade das experiências humanas evocadas nos livros que a compõem, bem como a concepçao de um Deus que se revela ao se aproximar da palavra humana:

Mais do que um livro, é uma biblioteca: pode ser lida como cancioneiro, livro de viagens, memórias de corte, antologia de preces, cântico de amor, panfleto político, oráculo profético, correspondência epistolar, livro de imagens, texto messiânico. E colada a esta humana palavra... a revelação de Deus[1].

Esse modo singular de revelação divina está longe de trazer segurança para quem entra em contato com as Escrituras. O biblista diz "que a Bíblia é lugar de prova; só não sabe quem nunca dela se aproximou"[2]. De fato, o texto resiste ao programa de compreensão que queremos impor a ele. Pelo contrário, no ato da leitura, nos expomos ao texto, "na nossa fragilidade, a fim de receber dele, e à maneira dele, um eu mais vasto"[3]. Isso é verdade para qualquer texto, mas o texto bíblico desempenha intencionalmente um papel mediador, voltado para um *encontro* e uma *transmissão* que vão muito além da palavra:

> [A palavra bíblica] aspira impacientemente à categoria de não-palavra, ou não-apenas-palavra. Busca o vislumbre. Não quer ser porta, quer transportar. Quer o contínuo do sentido como disseminação acessível e sem fim. A Bíblia foi escrita com palavras que sonham[4].

---

1. LI, 10.
2. LI, 9. Ele está em diálogo com Michel Foucault, em seu prefácio de uma obra de Flaubert, *La tentation de Saint Antoine* (A tentação de Santo Antão): diante de uma visão que o convida a comer animais interditos, "o eremita percebe que 'o Livro é o lugar da tentação'". LI, 9.
3. LI, 9.
4. LI, 14.

Por meio de uma série de belas citações, Tolentino evidencia a maneira pela qual a mais antiga tradição cristã pensou a si mesma a partir da prática da leitura dos textos bíblicos[5]: ele se refere, por exemplo, a Cipriano, Jerônimo, Cassiodoro e João Damasceno. Uma citação de Gregório Magno ecoa a profunda convicção que está na base de seu trabalho exegético: "*Scriptura cum legentibus crescit*" [A Escritura cresce com quem a lê]. Graças à *abertura permanente* do texto bíblico – que não é fruto de uma insuficiência, mas de um excesso –, sua leitura seria uma experiência do infinito: "Ler a Bíblia, aproximar-se dela na pluralidade das traduções, das tradições, até mesmo das traições, é outra coisa, porventura, que observação de um infinito?"[6].

As composições literárias podem favorecer ou dificultar essa abertura. Para defender essa ideia, Tolentino refere-se ao filólogo e crítico literário alemão E. Auerbach, que estabelece uma distinção entre os dois paradigmas fundamentais da literatura realista ocidental: o da Odisseia e o da Bíblia[7]. As diferenças literárias entre esses dois textos do antigo mundo mediterrâneo são perceptíveis. A maneira como o poema de Homero tenta tratar seus temas privilegia a exatidão, a articulação e a visibilidade: "Desde as relações de tempo e lugar, aos nexos de causalidade e às vinculações comparativas, nada, na verdade, é deixado como fragmento, lacuna, profundidade ou prega por explorar"[8]. Ao contrário, mesmo em um único livro bíblico, as opções narrativas são bem diferentes:

---

5. Cf. LI, 10.
6. LI, 15.
7. Cf. LI, 17.
8. LI, 17.

O quadro social que se descobre é plural e amplo [...]. Os personagens da Bíblia são narrativamente desenhados com uma profundidade maior de consciência e de destino. A sua presença não é sequer laboriosamente descrita. Por vezes, basta um traço, um detalhe, uma escuridão, alguma coisa que acene imprecisa na distância, para recolher isso que cada um é de único. Eles são os eleitos, mas experimentam a paradoxal mão do Senhor[9].

A leitora e o leitor da Bíblia devem, portanto, estar prontos para lidar com essas dobras, lacunas e fragmentos, com essa obscuridade e esse distanciamento que buscam trazer à tona o que é *único*: a singularidade das personagens, mas também a singularidade de quem está fazendo a leitura. O leitor e a leitora devem se dar conta de que o texto é *"textum*: têxtil, textura, tecelagem, trama, tecido"[10], em que vários fios formam um conjunto. Somente ao "perder" o texto bíblico – em particular, o sentido idealizado que projetamos nele –, podemos acessá-lo da maneira como ele "se dá a ler, no dinamismo revelatório que lhe é inerente. Sem isso não há leitura nem interpretação. Perder para salvar!"[11].

Vejamos um exemplo do modo original como o texto bíblico se oferece à leitura:

---

9. LI, 17.
10. LI, 24. É por isso que a doutrina talmúdica o descreve "como rede múltipla e não como um mundo unidimensional e plano à espera de ser descortinado". LI, 24.
11. LI, 25. Referência a Lucas 9,24: "Pois, quem quiser salvar sua vida, este a perderá, mas quem perder sua vida por causa de mim, este a salvará". Neste livro, as citações bíblicas são reproduzidas segundo a tradução oficial da CNBB.

Dentre os meios da arte expressiva de João, um dos mais admiravelmente desconcertantes é o recurso à indeterminação. O objetivo do Evangelho está bem definido (foi escrito "para crerdes que Jesus é o Cristo", Jo 20,31), mas a narrativa evangélica apresenta-se como uma história aberta. Em vez de conclusões dirimentes, a trama opta por uma composição paciente: não há pressa em calar perguntas, nem em dissolver ambiguidades, nem em impedir interpretações inconclusivas que, por vezes, até os mais próximos fazem das palavras de Jesus. A indeterminação instaura entre o texto e o leitor uma espécie de espaço em branco, um patamar vazio, um tempo que ainda não começou. Como que se insinua que o mistério que rodeia Jesus está e não está resolvido, para que precisamente esse interstício se revele como possibilidade de inscrever uma nova e atual demanda. A indeterminação é, portanto, a construção retórica de um encontro[12].

O objetivo de nosso biblista – e também o meu! – é, portanto, o mesmo do texto bíblico: facilitar o encontro do leitor e da leitora consigo, com o mundo e com o Senhor da Vida.

As viragens hermenêuticas contemporâneas

Ao explicar sua abordagem exegética, Tolentino reconhece sua dívida com a história da exegese bíblica contemporânea, particularmente no que diz respeito às três "viragens hermenêuticas" do século XX. Essas viragens representaram

---

12. LI, 41.

verdadeiros deslocamentos de paradigma, sem jamais eliminar as conquistas dos modelos anteriores: cada mudança serviu para inscrever "o princípio anterior num conjunto mais complexo de fatores"[13]. O primeiro modelo hermenêutico centrava-se na questão da autoria, tendo influenciado, por exemplo, o n. 12 da Constituição Dogmática *Dei Verbum*, do concílio Vaticano II: "O intérprete da Sagrada Escritura [...] deve investigar com atenção o que os hagiógrafos realmente quiseram significar"[14].

Para Tolentino, essa opção hermenêutica, baseada especialmente no trabalho de F. Schleiermacher e W. Dilthey, ainda era influenciada por ideias positivistas de objetividade e precisão. O principal risco desse modelo é a tentativa de eliminar todos os "indícios de pluralidade, controlando, com uma desconfiança metódica, a subjetividade do leitor"[15]. Entretanto, citando Michel de Certeau, o biblista destaca a distância necessariamente criada entre o texto e seu autor, porque "a escrita produz-se sempre no território e na língua do outro"[16]. A maravilha oferecida por essa distância é a possibilidade de descoberta e encantamento de um escritor diante das interpretações de seu texto: "O poder de significação do texto é uma surpresa para o próprio autor"[17].

Essa constatação levou ao surgimento de uma hermenêutica centrada no texto. Enquanto as metodologias diacrônicas

---

13. LI, 25.
14. LI, 25.
15. LI, 26. Tolentino cita também três riscos apresentados por L. Alonso Schökel: neutralidade (exegese asséptica); distanciamento (afastamento da vida corrente); minimalismo e maximalismo (excesso de conjecturas e hipóteses). Cf. LI, 26.
16. LI, 27.
17. LI, 27.

e as referências externas eram privilegiadas no paradigma anterior (método histórico-crítico), as metodologias sincrônicas e o princípio da imanência são preferidos nesse segundo paradigma (método de análise narrativa). Tolentino vê uma vantagem importante nesse modelo: ele vai além de "uma concepção estreita e instrumental do texto" e enfrenta "seriamente a interrogação sobre o modo como, pela criação literária, se expressa uma determinada visão religiosa, evitando hipotecar o texto a uma lógica de fragmentação"[18]. Essa abordagem evidenciou as técnicas literárias presentes em uma unidade textual, identificando o modo como elas exigem "a colaboração do leitor para a construção do texto" e são, ao mesmo tempo, "uma maneira de construí-lo. O leitor é construído à medida que avança no texto"[19].

Essa consciência sobre o lugar do leitor possibilitou o surgimento do terceiro paradigma hermenêutico e, gradualmente, "a discussão está a orientar-se para a pragmática da leitura"[20]. Nosso biblista, fazendo eco a D. Marguerat, chama esse momento de "a hora do leitor", porque o que também está em jogo no ato da leitura é a compreensão de si mesmo diante do texto. Essa mudança hermenêutica não é exclusiva da exegese bíblica. Tolentino cita o escritor italiano Umberto Eco: "Hoje o fantasma do leitor inseriu-se no centro"[21]. E por que ele está falando de um fantasma? Porque oferecer aos leitores um *papel ativo* na recepção do texto leva a uma interpretação sem limites e metodologicamente incontrolável. O que parecia ser uma boa notícia necessária para o avanço da ciência literária

---

18. LI, 28.
19. LI, 28.
20. LI, 29.
21. LI, 29.

também deu origem a alguns temores nos círculos exegéticos. Tolentino refere-se, por exemplo, a um artigo de Claire Clivaz, que fala do "risco de estar a abrir-se uma autêntica caixa de pandora, com esta espécie de interpretação ilimitada"[22]. E agora, o que pode ser feito para resistir ao impulso aparentemente razoável de dar um passo atrás, em busca de uma segurança hermenêutica?

Deixar-se guiar por outros modos de ler

Sem abandonar os bons frutos dos paradigmas anteriores, a reflexão de Tolentino está filiada a esse terceiro momento hermenêutico. Consciente dos riscos e convencido da fecundidade desse novo paradigma, ele tenta respeitar os caminhos singulares de suas leitoras e leitores, ao mesmo tempo em que os ajuda a desenvolver habilidades de leitura[23]. Para esse fim, ele dá atenção, particularmente, a três "guias": as conquistas da ciência literária, a recepção bíblica expressa pelas manifestações culturais e, em conexão com esta última, uma abordagem estética das Escrituras.

---

22. LI, 29.
23. Sobre a necessidade de prosseguir os avanços dos estudos bíblicos, Tolentino afirma: "Basta enumerar alguns indicadores: o 'acesso patente' à Palavra reivindica uma competência de leitura que, em grande medida, está ainda por construir; existe um trabalho aturado no plano da exegese bíblica que dificilmente extravasa os círculos especializados; o debate bíblico conhece uma vivacidade extraordinária, mas a carência de uma formação média impede esse acompanhamento, enquanto muitos continuam a aproximar-se da Bíblia com a melhor boa vontade e logo a abandonam, desiludidos, porque, afinal, a leitura é uma operação complexa que requer instrumentos e aprendizagem!". LI, 24.

Com relação às conquistas da ciência literária, nosso biblista aceita a avaliação da obra coletiva *A Bíblia em literatura*, sobre as duas principais contribuições dessa ciência para o mundo exegético:

> A primeira conta que, "até há poucos anos, quando se falava das Sagradas Escrituras, o adjetivo tinha a tendência de absorver o substantivo: a Escritura era de tal modo Santa que deixava de ser Escritura. Os biblistas redescobrem agora que ela também é Escritura sem perder a santidade". A segunda, diz que, "na medida em que a Bíblia está sempre por ler, e pede um trabalho de leitura exemplar, a exegese poderá aprender alguma coisa, dos domínios literários, sobre o que significa ler"[24].

Em relação à recepção da Bíblia na história e suas expressões culturais, Tolentino demonstra interesse tanto na legibilidade da Bíblia quanto em sua visibilidade. Ao longo dos séculos, vários artistas nos fizeram *ver* o modo como eles leram as Escrituras. É por isso que, juntamente com Jérôme Cottin, nosso autor fala sobre a importância de um cristianismo visual, de uma Palavra vista e contemplada. Para acessar, de modo novo, a riqueza da sabedoria bíblica, o exegeta contemporâneo deve estar preparado para aceitar a ideia de que a Bíblia não é – ou já não é mais – o patrimônio exclusivo dos crentes ou do clero. Fazendo eco a Balthasar, Tolentino afirma: "A vitalidade do sentir católico se refletiu mais, no século XX, na obra dos grandes poetas do que na literatura clerical"[25].

---

24. LI, 36.
25. LI, 48. Tolentino faz referência a artistas que se inspiraram nas Escrituras: literatos que parafrasearam salmos (O. Wilde, Cardoso Pires,

Por fim, chegamos ao último "guia" que ajuda a desenvolver nossa habilidade na leitura do texto bíblico: a experiência estética. Ao longo deste nosso livro, teremos a oportunidade de identificar nas análises de Tolentino sua atenção à dimensão estética da experiência humana. Mas ele insiste que esse não é um caminho fácil, porque, "tal como a metafísica ou a ética, a estética consiste propriamente na reflexão sobre o sentido da vida"[26]. Citando S. Dianich, o biblista nos convida a ver a Revelação divina como um evento que leva a uma *conversão estética*:

> A Revelação é um acontecimento estético, mas não pode ser compreendido unicamente sob a categoria do belo: o da revelação é um belo *sub contrario*, a beleza daquele que "não tinha aparência nem beleza para atrair os nossos olhares"[27].

Tendo dito isso, devemos ter em vista que a transmissão de uma habilidade literária não é a finalidade do trabalho teológico de Tolentino, porque o texto bíblico não existe em função de si mesmo: ele "participa na construção do mundo, ao mesmo tempo que viabiliza a sua legibilidade"[28]. O biblista português quer ajudar seu leitor e sua leitora a "ler a si mesmos" diante do texto e tornar o mundo mais legível[29]. Para ele,

---

Vitorino Nemésio, Camões), compositores musicais (Schütz, Bach, Vivaldi, Telemann, Charpentier, Händel, Hayden, Mozart, Messiaen, Arvo Pärt...), cineastas (Carl Dreyer, Pasolini, Manoel de Oliveira...), pintores (Chagall, Rouault, Kiefer, Mark Rothko...), poetisas (Anna Akhmátova, Clarice Lispector). Cf. LI, 48-50.

26. LI, 51.
27. LI, 51.
28. LI, 46.
29. Essa é a função de todos os "clássicos", segundo algumas definições dadas por Italo Calvino e retomadas por Tolentino: "Os clássicos são livros que exercem uma influência especial, tanto quando se impõem

a Bíblia "continua a ser um texto, claro. Mas também, e de um modo irrecusável, a Bíblia constitui hoje um metatexto, uma espécie de chave indispensável à decifração do real"[30]. Esse duplo aspecto de sua exegese – *ad intra* e *ad extra* – ajudaria a realizar o sonho dos padres conciliares, que viam a Sagrada Escritura como "a alma da teologia" (*Dei Verbum* 24) e da "práxis cristã" (*Dei Verbum* 21).

Deixando de lado, por enquanto, os comentários bíblicos de Tolentino – que, no entanto, estão no centro de sua reflexão –, é hora de nos aproximarmos de seu diagnóstico da atualidade, prestando muita atenção ao modo como ele usa esse olhar exegético, que acabamos de explicitar, para ajudar na elaboração de uma "nova gramática" da existência humana[31] e no surgimento de um novo tempo para a humanidade.

---

como inesquecíveis como quando se ocultam nas pregas da memória..."; "Um clássico é um livro que nunca acabou de dizer o que tem a dizer"; "Os clássicos são livros que, quanto mais se julga conhecê-los por ouvir falar, mais se descobrem como novos, inesperados e inéditos ao lê-los de fato"; "É clássico o que tiver tendência para relegar a atualidade para a categoria de ruído de fundo, mas, ao mesmo tempo, não puder passar sem esse ruído de fundo"; "É clássico o que persistir como ruído de fundo mesmo onde dominar a realidade mais incompatível". LI, 46-47.
30. LI, 45.
31. Essa nova "gramática", um tipo de saber antropológico ampliado, ordenado à vida prática, supõe "a reconstrução do sentido das palavras, dos gestos, das relações humanas que tornam a experiência humana bela e suportável". Prefácio da versão francesa do livro *Pai nosso que estais na terra*, TOLENTINO MENDONÇA, *Notre Père qui es sur la terre*, Montréal, Novalis, Paris: Cerf, 2013b, 9 (tradução pessoal).

2
A humanidade global em construção: aprendendo a ler o presente

A instabilidade inerente a toda mudança provoca crises em muitas áreas da vida[1]. De acordo com Tolentino, a crise mais aguda de nosso tempo não é aquela causada por eventos, decisões ou deserções de nossa humanidade, mas sim uma "crise de interpretação". O teólogo se pergunta sobre nossa dificuldade, em tempos de crise, de desenvolver um conhecimento comum "sobre o essencial, sobre o que nos une, sobre o que pode alicerçar, para cada um enquanto indivíduo e para todos enquanto comunidade", e sobre "os modos possíveis de nos reinventarmos"[2]. Mas é também em meio às crises que

---

1. De acordo com o teólogo, toda crise passa por três momentos: 1) a *separação* de uma imagem ou uma representação, ou seja, uma configuração do mundo à qual já estávamos acostumados; 2) o *limiar* de uma travessia, ou seja, a crise nos coloca diante de uma novidade, temos a possibilidade de acolher o novo que surge; 3) a *reconfiguração* do olhar e da vida, ou seja, uma nova compreensão, uma presença renovada no mundo e na história, ou, em linguagem espiritual, a possibilidade de *nascer de novo*. Cf. TOLENTINO MENDONÇA, J., *As crises são grandes mestres. Para uma teologia da crise*, apostila impressa pelas freiras dominicanas do Mosteiro de Santa Maria, 2011-2012, 8-9.
2. MI, 123.

nossos horizontes são ampliados, possibilitando o surgimento de uma nova gramática para o ser humano, capaz de reconciliar o que parecia irreconciliável: "razão e sensibilidade, eficácia e afetos, individualidade e compromisso social, gestão e compaixão, espiritualidade e sentidos, eternidade e instante"[3].

Esse novo conhecimento compartilhado – um guia que permite que todos acessem sua própria humanidade – não pode ser fruto de um simples exercício mental, mas assume a forma de uma sabedoria integral. Nosso autor explica isso da seguinte forma:

> Sentimos necessidade de uma sabedoria mais integradora, para quem o decisivo não seja apenas a mente, mas a realidade total de corpo e mundo que somos. Para quem a reflexão sobre as práticas do cotidiano ou sobre um sentido como o paladar não constituam um desvio, pois podem efetivamente proporcionar uma maior consciência de nós mesmos[4].

Para colocar suas habilidades literárias e exegéticas a serviço do surgimento dessa sabedoria, Tolentino "desposa", metodologicamente, a forma da fragmentação. Ele explica esse método em seu livro *A mística do instante*: ele é "deliberadamente fragmentário", expressando, "antes de mais, que a leitura nos coloca no interior de uma construção aberta e provisória"[5]. A organização desse livro é um testemunho do estilo de suas obras:

---

3. MI, 27.
4. MI, 21-22.
5. MI, 40.

A antologia de microunidades que compõem cada uma das cinco seções acolhe textos de natureza diversificada: há comentários bíblicos e breves anotações científicas, textos filosóficos e marcas de leitura que tantos poemas deixaram em mim, há antropologia, literatura, cinema e histórias de vida, num estilo reflexivo, mas que se pretende também flagrante e imediato, como quando nos deixamos perfumar pelo instante[6].

Ao preferir "um texto polimórfico, com muitas flechas, mais plástico e colaborativo do que fixado e duro"[7], nosso autor nos oferece uma literatura "colaborativa", colocada a serviço da construção[8] de um novo olhar para esta época: um olhar

---

6. MI, 41. Tolentino submete assim seu leitor a um "bombardeio" de fragmentos: textos bíblicos (de todos os tipos), poesias, memórias pessoais, descrições de pinturas, cenas de filmes, análises psicológicas etc. É justamente com a ajuda desse "jogo de espelhos" que ele traz à tona suas interpretações e novos significados para os textos analisados. Pelos limites de um estudo como o nosso, não poderemos seguir todos os seus passos. Apresentaremos frequentemente as suas conclusões, aludindo a um poema, a uma memória, aos seus interlocutores etc.
7. MI, 40.
8. Na reflexão de Tolentino, a palavra "construção" pode ser entendida em três níveis. O primeiro corresponde a um nível literário: por exemplo, ele tenta mostrar como os evangelistas "constroem" o caráter de Jesus em relação com as outras personagens. O segundo corresponde a um nível hermenêutico-espiritual: a intervenção da leitora e do leitor é esperada e exigida pela maneira como os Evangelhos apresentam Jesus. É por isso que a identidade de Jesus ainda está em formação e permanece um mistério em aberto (aguardando todos os leitores em potencial até o fim da história). O terceiro corresponde a um nível antropológico-existencial: o que acabamos de afirmar é verdadeiro na literatura e na história do conhecimento porque é a verdade da vida concreta de cada pessoa – todos nós permanecemos (pessoal e coletivamente) um mistério aberto em permanente construção. Essa construção ocorre ao longo da história, por meio da formação de um corpo (pessoal e social), de nossas escolhas e ações e da intervenção (positiva ou negativa) de outros.

que pode nos ajudar a perscrutar e interrogar, uma vez mais, as profundezas de nossa humanidade tão antiga, desejosa de permanecer sempre nova.

Uma exegese erótica do humano: tornar-se um intérprete do desejo

Para dar à crise de nosso tempo uma resposta que esteja à altura de nossa humanidade, o teólogo português convida suas leitoras e leitores a mergulharem em sua própria experiência humana. Mas como podemos ler e interpretar a complexidade de nossa vivência pessoal, identificando nela alguns ecos do mundo ao nosso redor? A proposta de Tolentino – sendo poeta e exegeta – é coerente e iluminadora: podemos ler e interpretar nossas vidas e o mundo de forma semelhante à maneira como lemos e interpretamos um texto. Isso nos leva a examinar a maneira como nosso autor descreve a relação de cada leitora e leitor com um escrito.

Como vimos no capítulo anterior, o ponto de partida de Tolentino é o reconhecimento da diversidade interna inerente a um texto ou a um conjunto de textos. Para dissipar o medo que pode surgir diante de qualquer "plural", ele convida seu leitor e sua leitora a apreciar a variedade que possibilita o surgimento de um texto. Em sua opinião, "essa pluralidade é, estamos em crer, o único antídoto que previne contra as leituras fundamentalistas, unívocas e violentas"[9]. É também essa dimensão plural de um texto que leva uma leitora e um leitor a tomar consciência da parcialidade – positiva! – de sua própria

---

9. LI, 56.

leitura[10]. Essa compreensão parcial não é o resultado de uma limitação intelectual por parte de quem lê, mas uma consequência da maneira como cada texto é constituído: "É o plural do texto que funda e estimula a diversidade hermenêutica, e assim garante, contra todas as presunções absolutistas, o lugar da alteridade"[11]. Todo texto resiste ao fechamento.

É por isso que leituras excessivamente lineares são insuficientes. Ao prestar atenção às particularidades de um texto religioso, Tolentino desenvolve sua reflexão sobre a elaboração de uma narrativa, em diálogo com o pensamento do linguista e filósofo búlgaro Tzvetan Todorov:

> Tal como em outros textos, também aqui a linearidade do discurso, da primeira à última palavra, é apenas aparente. Como explica Todorov, a mera relação de fatos sucessivos não constitui uma narrativa. Também internamente, a unidade dinâmica que as ações constituem é ordenada em vista da transformação. Há narrativa quando há transformação. Transformação de situação, caráter e ideologia, visto a narrativa não respeitar regras de desenvolvimento contínuo: a sua é uma mecânica de inversão, de ruptura e da surpresa. E isto porque só uma linguagem aberta e orgânica pode dizer o indizível, e aceder assim ao campo profundo da experiência religiosa[12].

---

10. Ele retoma as palavras de um poeta para falar de nossas leituras e interpretações pessoais: "Num mundo em que se assiste ao cego confronto de histórias fechadas na sua própria lógica de significação, e em que a preocupação dominante parece ser a veiculação impositiva de modelos, importa repetir o verso de T. S. Eliot: 'O saber da humildade / é o único saber no qual podemos ter esperança'". LI, 59.
11. LI, 57.
12. LI, 57.

A própria "materialidade" do texto tenta traduzir o que está em jogo na experiência humana em geral, e na experiência religiosa em particular: *a surpresa de uma transformação*. Se isso for verdade, as interpretações justas devem ecoar "esta tensão original, que é a poética do texto religioso", em que "a sua tangibilidade não desfaz, antes sublinha a sua intangibilidade"[13]. Assim, tudo está em jogo na "dramática da leitura", esse tipo de "pacto" entre o texto e quem o lê, que sempre contém duas dimensões fundamentais:

> Há uma história do texto que o leitor é chamado a explorar com o auxílio de instrumentos diversificados e complementares. Ele não pode ignorar a proveniência, a cultura, a linguagem, a composição ou a finalidade do texto. [...] Mas, por outro lado, compreender é compreender-se. O texto não é apenas uma janela: é um inesperado e fundamental espelho. Revisitando o texto, potenciamos a entrada dentro de nós próprios, num processo de autodecifração[14].

Uma obra escrita permanece, assim, aberta a seus leitores e leitoras, o que muitas vezes "fragmenta, atenua, diminui a intensidade ali contida", sendo indispensável ouvir o texto repetidas vezes para "compreendê-lo e respeitá-lo nas diretivas que dele emanam"[15]. Ao mesmo tempo, não devemos temer um fato: a interpretação também é a "manipulação" de um texto, pois não há leitura sem interação. Tolentino dá como exemplo a recitação litúrgica de textos: a "manipulação" se manifesta na

---
13. LI, 58.
14. LI, 58.
15. LI, 55.

entonação, nos silêncios, no ritmo etc. O autor conclui: "Não há, por isso, forma de escapar à manipulação. Essa ressalva é importante para prevenir idealizações e fantasmas"[16].

A boa leitora e o bom leitor devem, portanto, evitar duas relações extremas com um texto: por um lado, eles não devem "ler estes textos separando-os da sua situação cultural de origem"; por outro, ocultar seus desejos diante de um texto "é uma ingenuidade, quando não uma perversão"[17]. Por isso, Tolentino endossa a provocação da escritora norte-americana Susan Sontag:

> Num ensaio intitulado *Contra a interpretação*, Susan Sontag reclama, em vez da hermenêutica dominante, que empobrece e esvazia o mundo do texto para instaurar, em vez dele, um mundo espectral de significados, o que ela chama uma *erótica da leitura*, que sirva (amorosamente, para permanecer no âmbito da metáfora) o objeto literário sem se substituir a ele[18].

Essa aproximação "erótica" entre o texto e quem o lê busca, portanto, desenvolver uma atitude de serviço que não elimina nenhum dos dois polos dessa relação literária. Então, de que desejo Tolentino está falando? Em sua reflexão sobre a vida espiritual, ele torna mais explícitos os contornos dessa experiência desejante que faz de nós pessoas singulares. De acordo com ele, o verdadeiro desejo, aquele que cada um de nós pode chamar de "meu" desejo:

> não coincide com as cotidianas estratégias do consumir, mas sim com o horizonte amplo do consumar, da realização de

---
16. LI, 55.
17. LI, 59.
18. LI, 59.

mim como pessoa única e irrepetível, da assunção do meu rosto, do meu corpo feito de exterioridade e interioridade (e ambas tão vitais), do meu silêncio, da minha linguagem[19].

O ato de ler, como qualquer outro *encontro*, ajuda a formular esse desejo. Isso necessariamente leva tempo e, às vezes, envolve travessias dolorosas. Tolentino fala desse tempo como um exercício de autoaceitação, "uma etapa crítica, dilacerante até", mas que nos abre "à transformação e fecundidade possíveis"[20]. Esse processo de aprendizagem da leitura – de um texto, do mundo, de nossos próprios desejos e, no caso da pessoa que crê, de nossa relação com Deus – deve nos ajudar a desenvolver uma dupla consciência: por um lado, nossa relação com essas alteridades tem um valor único, ligado à singularidade de nossas histórias pessoais; por outro lado, precisamos descobrir, em nosso relacionamento com os outros, o caráter relativo de nossa leitura da realidade. Isso confirma nosso ponto de partida: a condição plural do texto e do mundo é o antídoto contra todo totalitarismo dominador.

Um diagnóstico da crise contemporânea: o mal-estar de um excesso

Como essa hermenêutica textual e existencial – que busca valorizar tanto a *realidade plural* quanto o *desejo de cada pessoa única* em relação com ela – ajuda-nos a entender a

---

19. MI, 77.
20. MI, 78. Segundo Tolentino, o cristianismo tem um papel importante nesse aprendizado do erótico, pois ele "é, na sua radical essência, uma iniciação ao desejo". PNT, 77.

situação atual da humanidade? Para falar sobre a busca pelo sentido da vida em nosso tempo, nosso autor recorre a uma metáfora muito inspiradora: a passagem da bússola para o radar. Ele explica esse novo desenvolvimento e suas consequências:

> Na orientação das nossas viagens, deixamos de recorrer à bússola e passamos a utilizar o radar. Isso significa o quê? Significa que não estamos mais ligados a uma direção precisa. É verdade que o radar vai em busca do seu alvo, mas essa busca implica agora uma abertura indiscriminada, plural, móvel. Com a bússola era-nos claramente apontado um Norte, e só uma direção: o radar vem potenciar e tornar complexa a procura. Diversificam-se os sinais e multiplicam-se igualmente os caminhos. As vias da procura espiritual deixaram de ter sentido único[21].

A atenção a essas buscas multifacetadas tornou-se possível no momento em que a humanidade conseguiu achar um caminho para superar uma das principais batalhas dos séculos anteriores: a luta contra a mortalidade causada por doenças infecciosas. A invenção de antibióticos e vacinas representou um salto de qualidade em nossa relação com a vida e o mundo. Como resultado, a batalha biológica foi desaparecendo do horizonte imediato de nossa vida cotidiana. Também é verdade "que de vez em quando irrompe o pânico de uma pandemia viral", mas Tolentino acredita que essa "não é a questão que condiciona mais profundamente os nossos cotidianos e práticas"[22].

---
21. MI, 123
22. MI, 13. Esse texto foi escrito antes da pandemia da Covid-19. No entanto, a reflexão que segue continua pertinente.

Obviamente, novos combates deveriam surgir na aventura da vida, à medida que a humanidade passasse a enfrentar outras ameaças menos conhecidas. Tolentino convida sua leitora e seu leitor a ler os sintomas de nossa época muito além de um diagnóstico médico. Eles são sinais que "mostram o ponto de dor escondido, revelam comportamentos e compulsões, desocultam a vulnerabilidade que é a nossa"[23]. Por que essas dores e vulnerabilidades, esses comportamentos e compulsões permanecem escondidos? O juízo de nosso teólogo é claro: "raramente queremos ver"[24]. Mas os "sintomas" manifestados em nossas sociedades são aliados que nos provocam a procurar o que muitas vezes está agindo, em segredo, nos níveis mais profundos de nossa existência.

Então, quais são esses sintomas? Em diálogo com o filósofo sul-coreano Byung-Chul Han, Tolentino fala de uma "sociedade do cansaço", cujas patologias mais importantes são neuronais:

> O sol negro da depressão, os transtornos de personalidade, as anomalias da atenção (seja por hiperatividade, seja por uma neurastenia paralisante), a síndrome galopante do desgaste ocupacional que nos faz sentir devorados e exauridos por dentro à maneira de uma terra queimada, definem o difícil panorama da década presente e das que virão[25].

Portanto, as antigas doenças infecciosas não são mais a principal ameaça. Em vez disso, ela se manifesta em um novo

---

23. MI, 13.
24. MI, 13.
25. MI, 13-14.

fato: muitos de nós somos confrontados a "modalidades vulneráveis de existência, fragmentações da identidade, incapacidades de integrar ou refazer a experiência do vivido"[26]. Tolentino sugere um diagnóstico sobre as fontes dessa experiência: o mal-estar sentido hoje, particularmente nas sociedades ocidentais, está ligado a certo tipo de relação com uma *abundância difusa*. Como esse mal-estar manifesta uma "silenciosa mudança de paradigma", o biblista português afirma que "o excesso (de emoções, de informação, de expectativas, de solicitações...) está atropelando a pessoa humana e empurrando-a para um estado de fadiga, de onde é cada vez mais difícil retornar"[27]. Para ilustrar isso, nosso autor foca a atenção em nossa relação com várias experiências humanas fundamentais, como a rotina, o sofrimento, o luto, a comunicação e a violência.

De acordo com Tolentino, a rotina pessoal desempenha um papel estruturante na relação de cada um com o tempo, porque ela é fruto de "um esforço de regularidade nos vários planos da existência, esforço que, temos de dizer, é em si positivo"[28]. Dito isso, ela nos coloca diante de um perigo: "De repente, a rotina substitui-se à própria vida. Quando tudo se torna óbvio e regulado, deixa de haver espaço para a surpresa"[29]. O começo inédito de cada instante não é mais percebido como tal, porque "nossos olhos sonolentos veem tudo como repetido"[30]. É por isso que a experiência da repetição representa um desafio: precisamos manter o ritmo necessário para

---

26. MI, 14.
27. MI, 14.
28. MI, 17.
29. MI, 17.
30. MI, 17.

a vida, mas nos tornando capazes de "voltar a olhar tudo pela primeira vez, deslumbrando-se com a surpresa dos dias. É reconhecer que este instante que passa é a porta por onde entra a alegria"[31].

Entretanto, como sabemos, as surpresas dos dias nem sempre são agradáveis. Boas notícias inesperadas nos deixam felizes, mas "somos pouco ajudados a lidar com a irrupção do inesperado que hoje o sofrimento representa"[32]. O sofrimento físico nos força a encarar nossa própria impotência, e isso também tem consequências íntimas. A sensação de que nossos recursos vitais estão aprisionados permite que uma dúvida invada gradualmente nosso coração: será que, realmente, "este limitado corpo que somos [é] o lugar para viver a nossa aventura total ou um fragmento dela que seja significativo"[33]?

Além do sofrimento imediatamente ligado ao corpo, estamos mais conscientes da dificuldade de lidar com outro tipo de sofrimento, oculto em nossas "entranhas", especialmente após a perda de um ente querido:

> A experiência da perda é também um desses segredos do corpo, de si para si, com o qual é-nos cada vez mais difícil lidar. Por um lado, a morte tornou-se um tabu. É mais desagradável referi-la do que soltar uma obscenidade. Ocultamo-la por todos os meios. E depois, por outro lado, quando nos cabe saber que os que amamos partem, isso nos mergulha numa dor e numa solidão extremas. Entramos, então, numa espécie de suspensão, de recuo em face da vida, de

---
31. MI, 17.
32. MI, 15.
33. MI, 16.

eclipse na nossa relação não só com o exterior, mas com o corpo que somos[34].

Para compreender as crises íntimas de cada pessoa, é importante reconhecer que "não somos apenas o nosso corpo, estamos também integrados num *corpus* social, que solicita, expande e reprime a nossa sensibilidade"[35]. Uma das novidades de nosso tempo é a possibilidade de comunicação em um corpo social em constante expansão. Tolentino fala sobre o risco de aniquilação da identidade pessoal por meio do uso das mídias de massa. Ele cita o teórico da comunicação Marshall McLuhan: "Só por ver televisão as pessoas tornam-se num grupo coletivo de iguais. Perdem o interesse pela singularidade pessoal"[36].

Além de nos colocarem diante do risco da perda ou enfraquecimento de nossa singularidade pessoal, os meios de comunicação contemporâneos podem empobrecer nosso vínculo com a realidade por meio da atrofia de certos sentidos:

> Se repararmos, os meios que lideram a comunicação humana contemporânea [...] interagem apenas com aqueles dos nossos sentidos que captam sinais a distância: fundamentalmente a visão e a audição. Origina-se, assim, uma descontrolada hipertrofia dos olhos e dos ouvidos, sobre os quais

---

34. MI, 16. Tolentino vê três etapas necessárias a uma integração apaziguada da experiência da perda e da morte: primeiramente, é importante "chorar a nossa impossibilidade de consolação"; em seguida, precisamos "chorar e ser consolados, em pequenos passos"; por fim, poderemos integrar, pouco a pouco, "a ausência numa nova compreensão desse mistério que é a presença dos outros na nossa vida". MI, 16-17.
35. MI, 18.
36. MI, 18.

passa a recair toda a responsabilidade pela participação no real. "Você viu aquilo?", "Você já ouviu a última do..."[37].

Embora reconheça que essa experiência não é vivenciada da mesma forma por todas as culturas, Tolentino fala de uma correlação entre *sobrecarga* e *pobreza* presente em quase todo o mundo: "Essa sobrecarga sobre os sentidos que captam o que está mais afastado de nós esconde o subdesenvolvimento e a pobreza em que os outros são deixados"[38]. Essa indigência diz respeito principalmente aos sentidos que implicam proximidade, como o paladar e o tato. Um desafio proposto na prática da degustação, muito difundida no mundo moderno, é um sinal disso: "Hoje, só os profissionais arriscam provas cegas das comidas ou bebidas"[39].

Em outra obra, a partir de uma reflexão sobre a leitura das Sagradas Escrituras, Tolentino chama a atenção para outra ameaça presente no corpo social: aquela que é provocada ou revelada pela violência. Em sua opinião, a violência em nossas sociedades já não é mais um fenômeno oculto, mas assume a forma de um espetáculo. Entretanto, essa manifestação à luz do dia não deveria nos deixar paralisados. Para nosso autor, isso pode nos encorajar a abandonar o "terror fantasmagórico", em vista de "pensar o lugar que teve e, de fato, tem a violência nas sociedades humanas"[40]. Negar essa realidade – ou atribuir a responsabilidade por ela somente a uma experiência específica, como a religião – pode ter efeitos catastróficos:

---

37. MI, 18.
38. MI, 18.
39. MI, 19.
40. LI, 56.

Rejeitar o sagrado em nome de uma ideal recusa da violência, apontando as religiões como bodes expiatórios das convulsões civilizacionais e epocais, é ocultar, à consciência, uma ferida bem mais difícil: o pensamento que se distancia indefinidamente da origem violenta reaproxima-se facilmente dela[41].

Diante desses "sintomas", nosso teólogo concentrará sua atenção em um de seus principais efeitos – que causa enfermidades ainda mais graves: um *desinvestimento no corpo pessoal e social*, e o consequente retorno dessas dramáticas experiências humanas à sua antiga obscuridade e mudez. Esse desinvestimento do corpo não vem da falta de estímulo, mas de um estímulo excessivo que "não amplia a nossa capacidade de sentir, mas contamina-a com uma irremediável atrofia"[42]. É por isso que, ao lado de nossa capacidade intelectual de receber, elaborar e transmitir a explosão de informações a que estamos expostos, Tolentino considera fundamental "uma educação dos sentidos, que nos ensine a cuidar deles, a cultivá-los, a apurá-los"[43]. O poeta português Fernando Pessoa já havia formulado uma advertência: "Não sei sentir, não sei ser humano"[44].

Examinar o humano fragmentado: o desafio de um pacto com a vida

Tolentino tenta ajudar a enxergar essa face mais escondida da crise de nossas sociedades atuais: a dificuldade de integrar

---

41. LI, 56.
42. MI, 14-15.
43. MI, 14.
44. MI, 14.

o excesso de sensações e informações em que as pessoas estão imersas e o consequente risco de fragmentar a vida, reduzindo-a a algumas dessas experiências. Para ajudar a entender esse risco, Tolentino reflete a partir de um conto da poeta portuguesa Sophia de Mello Breyner Andresen, intitulado *O silêncio*. Nesse conto, uma mulher é abalada pelo som de um grito. Nosso autor afirma que, como essa personagem antes de escutar o grito, nós "podemos ter o quadro de vida em que nos movemos, com os seus contornos estáveis, os seus ritmos, os seus espaços demarcados, como um reino inexpugnável, o nosso reino", onde "sentimo-nos protegidos"[45]. É aí que reside o perigo: identificar a vida com esse pequeno "reino" de proteção e segurança. Tolentino adverte: "tarde ou cedo somos desafiados a compreender que essa é uma parte: não é o todo"[46]. O que acontece no interior da personagem do conto nos ajuda a compreender os efeitos íntimos de toda crise:

> Olhava em sua volta e "tudo se tinha tornado acidente absurdo, sem ligação, sem reino. As coisas não eram dela, nem eram ela, nem estavam com ela. Tudo se tornara alheio...". E, pela primeira vez, num misto de dor e espanto, "atravessou como estrangeira a sua casa"[47].

A metáfora fala por si só: no coração de uma crise, uma pessoa se sente estrangeira na própria casa. Mas Tolentino considera fundamentais para a maturidade humana esses momentos em que surgem os questionamentos: eles existem para

---
45. PNT, 11.
46. PNT, 11.
47. PNT, 12.

"evitar o pior". Então, o que é o pior? Nosso biblista responde, referindo-se a um ensinamento de Jesus: "O pior é ter olhado sem ver, ter ouvido sem escutar, ter captado, de alguma maneira, mas não ter efetivamente acolhido"[48]. Procurar superar – rápido demais – nossa experiência de divisão íntima e social sem colher os frutos trazidos por essa mesma experiência seria "o pior" que poderia nos acontecer hoje. Diante de um aparente impasse, Tolentino pergunta: "Por quanto tempo vamos deixar a 'unidade' e a 'divisão' como um 'ou... ou' irresolúvel?"[49]. A tarefa humana – uma tarefa mística, na visão de nosso autor – é criar uma harmonia capaz de unificar diferentes tipos de informação sem jamais fundi-las ou negá-las. Para fazer isso, precisamos tomar consciência de que toda existência pessoal é o resultado de um jeito único de juntar uma infinidade de pedaços:

> A existência se constrói com materiais muito diversos: peças de proveniência diversa, memórias heterogêneas, fragmentos disto e daquilo, caligrafias inequívocas, pegadas que prosseguem lado a lado, mas visivelmente desiguais, e por aí vai[50].

Para alcançar a unidade desses "fragmentos de verdade" dentro de nós, precisamos desenvolver uma "sabedoria vital". Essa sabedoria consiste em reconhecer esses fragmentos como peças que constituem "uma intimidade que se pode experimentar, mas não possuir; que se pode escutar profundamente, mas sem deter"[51]. Dessa forma, todos podem experimentar

---

48. PNT, 13.
49. MI, 33.
50. MI, 105.
51. NCL, 18.

intimamente uma verdade existencial: *somos o fruto da unificação de uma multiplicidade de fragmentos*. Entretanto, essa unidade pode ser destruída por uma opção existencial que coloque o desejo de controle e dominação acima do amor. É o que diz Tolentino, em diálogo com o psicanalista suíço Arno Gruen:

> São de um grande realismo as palavras iniciais de Arno Gruen, na sua obra *A traição do eu: o medo da autonomia no homem e na mulher*: "O desenvolvimento humano oferece duas alternativas, a do amor e a do poder. A via do poder, que é subjacente à maior parte das culturas, conduz a um eu que reflete a ideologia da dominação. Um eu desses assenta num estado de fragmentação, mais concretamente naquela cisão no eu que recusa o sofrimento e o desamparo como sinais de fraqueza e, ao mesmo tempo, põe em relevo o poder e a dominação como meios de negar o desamparo"[52].

Assim, o estado de divisão íntima seria o resultado de uma *autotraição*: a recusa de integrar existencialmente esses "pedaços" ligados a uma fraqueza, que só podem ser devidamente assumidos por um olhar amoroso. Tolentino dá um exemplo desse tipo de "traição", baseado em uma cena do filme *O quarto do filho*, do cineasta italiano Nanni Moretti. A reação de uma mulher diante de uma xícara de chá rachada fala de uma tendência em nossa relação com nossas vidas:

> Uma personagem, estando a viver um duro luto, se coloca a arrumar no armário as chávenas [xícaras] de chá. Percebe

---

52. NCL, 197-198.

então que uma tem um lado partido. Tenta disfarçar o fato, colocando visível apenas o lado intacto. Mas ela sabe que àquela chávena falta alguma coisa. Aquela chávena é o símbolo de sua vida, da nossa vida, feita de perdas, de lacunas, de esboroamentos que não conseguimos ocultar. Há uma inteireza que se quebra, uma unidade que se rompe, uma alegria que, corroída, se dispersa[53].

A constituição de uma identidade unificada pressupõe, portanto, a capacidade de integrar em si mesmo – recusando qualquer impulso de ocultação ou de dominação – até mesmo as divisões internas causadas pelo próprio sofrimento e fragilidade. Por que a integração não dominadora dessas divisões é tão fundamental? Porque é justamente aí, nesses "espaços" íntimos criados por essas fraturas, que algo novo pode surgir. De acordo com Tolentino, "a nossa unidade pessoal e a nossa comunhão com os outros só se realizam no encontro inesperado do diverso"[54]. Viver significa permanecer à espera de uma surpresa, na abertura à novidade – que vem do encontro com o outro – capaz de nos salvar de nossa perigosa tendência à repetição mecânica e à homogeneidade[55].

Diante dessa realidade, cada pessoa, em cada época, deve se perguntar sobre sua escolha mais fundamental: "Estamos dispostos a amar a vida como esta se apresenta"[56]? Se respondermos afirmativamente a esta pergunta, a sabedoria da vida

---
53. PNT, 109.
54. MI, 105-106.
55. Tolentino afirma a ligação entre a novidade e a experiência de resgate e salvação: "O *continuum* homogêneo do tempo que a teoria do progresso desenha não conhece a ruptura trazida pela novidade surpreendente. E a redenção é essa novidade". MI, 27.
56. MI, 83.

poderá se desvelar como uma aliança cada vez mais integral: "O real do viver, a existência não como trégua, mas como pacto, conhecido e aceito na sua fascinante e dolorosa totalidade"[57]. A resposta às questões cruciais de nossa geração deve ser buscada num exame da qualidade do "pacto" que cada um de nós tem feito com as diferentes dimensões e experiências de nossas vidas concretas e de nossa relação com o mundo. Será que, nestes novos e desafiantes tempos, o olhar cristão sobre nossa humanidade comum teria alguma sabedoria a compartilhar, alguma boa notícia a anunciar às pessoas e às sociedades fragmentadas, em busca de unificação e de paz?

---

57. MI, 84.

PARTE DOIS

A "CONSTRUÇÃO" DO HUMANO: UM MISTÉRIO DE AUTOTRANSFORMAÇÃO

3
Uma espiritualidade amiga da humanidade: a arte da presença real

O olhar lúcido de Tolentino sobre a existência humana no mundo contemporâneo, ao qual tivemos acesso no capítulo anterior, leva-nos a uma conclusão importante: em última instância, não é o sofrimento que pode impedir o fluxo da vida dentro de nós, mas sim "a apatia, a distração, o egoísmo, o cinismo"[1]. Esse tipo de rejeição e desinvestimento em relação à vida concreta produz um fenômeno curioso: "Hoje muita gente parece mais interessada em salvar as aparências do que em salvar-se a si própria"[2]. Mas como podemos viver e entender a promessa de salvação de Deus sem habitar a vida real? Uma aparência não pode ser libertada: Deus quer salvar "pessoas concretas que ousam assumir a concretude da sua vida tal como ela é, no seu mal, nos seus embaraços, nos limites que nos tornam um joguete de incontáveis escravidões", porque "é nisso que ele acredita, é isso que ele ama"[3].

---
1. MI, 29.
2. PNT, 110.
3. PNT, 114.

De acordo com Tolentino, a tomada de consciência dessa "fé" de um outro – nesse caso, a fé do próprio Deus! – em nosso verdadeiro ser é fundamental para nossa jornada de humanização espiritual. "Precisamos de alguém que nos olhe com esperança"[4], diz ele. Fazendo referência ao modo como Michelangelo concebia seu processo de criação artística – esse escultor renascentista dizia que queria liberar a obra escondida nas pedras brutas –, o teólogo português partilha uma convicção sobre o processo que está na raiz do mistério da criação: "Estou convencido que as grandes obras de criação (também a da criação e da recriação do homem) nascem de um processo semelhante"[5].

Daí a importância de olhar com esperança para tudo o que, dentro de nós e entre nós, ainda está em seu estado bruto:

> Sem esperança só notamos a pedra, o caráter tosco, o obstáculo fatigante e irresolúvel. É a esperança que entreabre, que faz ver para lá das duras condições a riqueza das possibilidades ainda escondidas. A esperança é capaz de dialogar com o futuro e de o aproximar. A nossa existência, do princípio ao fim, é o resultado de uma profissão de fé[6].

A fim de gerar um olhar de esperança sobre nossa humanidade contemporânea, Tolentino aceita o desafio lançado pela escritora Susan Sontag, no início de seu ensaio *A estética do silêncio*: "Cada época deve reinventar para si um projeto de espiritualidade"[7]. Sua contribuição busca desenvolver uma "mística do instante", porque "o ponto místico de interseção

4. PNT, 111.
5. PNT, 111.
6. PNT, 111-112.
7. MI, 26.

da história divina com a história humana é o instante"[8]. Com palavras cheias de poesia, ele resume esse projeto de espiritualidade ao alcance de nossa época:

> A mística do instante nos reenvia, assim, para o interior de uma existência autêntica, ensinando a tornarmo-nos realmente presentes: a ver em cada fragmento o infinito, a ouvir o marulhar da eternidade em cada som, a tocar o impalpável com os gestos mais simples, a saborear o esplêndido banquete daquilo que é ligeiro e escasso, a inebriar-nos com o odor da flor sempre nova no instante[9].

À luz dessa exortação, veremos como Tolentino apresenta o horizonte da espiritualidade bíblica – a santidade – como um modo singular de relação e de presença real. Em seguida, examinaremos os dois caminhos que ele propõe para que aprendamos a reconstituir nossos corpos – o pessoal e o social: a atenção aos sentidos corporais e a experiência da amizade.

A santidade ao alcance do humano: convite a uma existência trinitária

A palavra "espiritualidade" não esconde o eixo em torno do qual ela se organiza: o *espírito*, concebido pela fé como um

---
8. MI, 35. Buscando uma equidistância entre a aniquilação e a fusão de diferentes modos de existência, Tolentino vê no termo "mística" um convite e um desafio a "uma nova composição onde os opostos (matéria e espírito, corpo e alma, razão e sentimento, *logos* e mito, prosa e poesia) são reconhecidos e mantidos conjuntamente, em harmonia. A ideia não é negá-los nem reconduzi-los a uma unidade amalgamada". MI, 33.
9. MI, 36.

modo de existência que é, ao mesmo tempo, divino e acessível à humanidade. A fé bíblica usa uma palavra para descrever o que melhor expressa o ser espiritual de Deus: ele é *o Santo*. O que isso significa? Tolentino explica que "o Deus Santo é, literalmente, o Deus separado, o Deus todo outro"[10]. A separação e a alteridade estão intimamente ligadas a outra característica do Deus Santo: a liberdade, um "espaço em que a vida e o ser explicitam as suas potencialidades"[11]. A liberdade não poderia se desenvolver sem o "espaço" criado pela separação. Mas onde a liberdade se desenvolve, instala-se o reino do mistério. Qualquer pessoa que queira se aproximar do Deus Santo deve ouvir uma advertência: "Não devemos temer o imprevisível e o misterioso, mas aprender a viver com ele"[12].

Se a santidade é um atributo de Deus, o credo trinitário cristão a vincula precisamente a essa Pessoa divina chamada Espírito. Adorado e glorificado com o Pai e o Filho, o Espírito escapa de qualquer tendência a fixar as representações. Cada pessoa pode ter uma noção experiencial da paternidade e da filiação. Mas o que é o Espírito de Santidade? A elaboração de uma teologia do Espírito sempre foi um desafio para a Igreja, porque "sua ação escapa a toda a unificação a partir de um critério único, razoável, lógico"[13]. A esse respeito, Tolentino faz eco às palavras do teólogo francês Christian Duquoc: "O Espírito expressa [...] o seu significado numa pluralidade de testemunhos, cuja unidade é fugidia"[14].

---

10. LI, 81.
11. LI, 81.
12. LI, 81.
13. LI, 83.
14. LI, 83.

No entanto, um olhar mais atento às nossas experiências humanas e espirituais desvela os sinais da santidade do Espírito em nós. Tolentino destaca os dois modos de manifestação do Espírito reconhecidos pelas pessoas de fé: "Ou através desta experiência de fusão, ou através da experiência oposta, a da diferenciação. Ou a amizade de Deus nos enche, ou parecemos vazios dela"[15]. Essas são precisamente as duas experiências narradas nos escritos do Novo Testamento: a efusão e a alteridade imprevisível.

A imagem da efusão do Espírito é, provavelmente, a mais conhecida. Ela se refere a uma comunhão indivisível com Deus. Essa experiência diz algo sobre a verdade divina, "descrevendo-a como experiência de plenitude"[16]. A presença do Outro é interiorizada e, como resultado, "os contornos da singularidade são como que ultrapassados, instaurando-se uma coincidência entre o sujeito que crê e aquilo que o sujeito crê"[17]. Mas essa definição não consegue dar conta da totalidade da experiência espiritual, porque o Espírito é também Aquele que "sopra onde quer" (cf. Jo 3,8).

Essa outra imagem – e a experiência espiritual que ela tenta expressar – sugere que o encontro com o Espírito ocorre "no aberto, no não-dito, no impronunciável, no não-catalogado, no não-trilhado", porque Ele é a "manifestação incessante do inédito"[18]. Ao contrário da experiência fusional, é precisamente o caráter imprevisível do Espírito que conduz a pessoa a uma experiência de diferenciação. Assim, juntamente com a

---

15. NCL, 59.
16. NCL, 56.
17. LI, 83.
18. NCL, 54.

experiência de comunhão plena, a diferenciação também diz algo fundamental sobre o mistério de Deus:

A experiência de diferenciação é uma iniciação à liberdade, que Deus não atropela, mas potencia. O Espírito é discreto, pois não se sobrepõe à dramática da nossa invenção permanente, nem suspende a indagação, os dilemas e os encontros da nossa consciência, mas dialoga com eles, iluminando-os e ampliando-os incessantemente[19].

O "lugar" onde essas experiências tomam forma e se desenvolvem é, de fato, o *corpo* de cada pessoa, em vínculo com outras pessoas. Graças a uma relação pessoal com o Espírito, cada homem e mulher batizados estão associados de um jeito único ao modo de vida inaugurado em Jesus Cristo. Nosso autor nos lembra: "Uma tal reciprocidade de gêneros é um esquema desconcertante para o romano, para o grego ou o judeu"[20]. Tolentino evidencia a novidade representada pelo reconhecimento do corpo como "templo do Espírito" (cf. 1Cor 6,19): "O cristianismo subverte o sistema social. Fá-lo, refundando ao sujeito, para potenciar o seu espaço de singularidade livre"[21]. Abre-se uma nova página na história da humanidade, na qual o sujeito – independentemente de pertencimento, gênero ou classe social – ganha "uma irredutível afirmação"[22].

Mas quanto mais aprofundamos nossa consciência do que constitui nossa singularidade pessoal, mais somos levados a reconhecer uma experiência fundamental: "Nenhum de

---
19. LI, 83.
20. LI, 132.
21. LI, 132.
22. LI, 132.

nós é sua própria origem. Como ensina a escolástica, o homem não é *ens causa sui* [um ente que é a causa de si mesmo]"[23]. E, quanto mais aprofundamos nossas relações mais íntimas, com Deus e com outros sujeitos irredutíveis, mais nos damos conta de outra verdade: "Há uma distância que subsiste, uma diferença impronunciável, e são elas justamente que conferem autenticidade à comunhão"[24]. De fato, sendo a "flor do mundo" e uma "forma de Deus presente em todos os tempos, em todas as latitudes, em todas as culturas"[25], a santidade se revela como um modo espiritual de presença de um ser vivente junto a outro, uma presença que, permanecendo sempre aberta, é capaz de *alimentar uma comunhão indissolúvel sem aniquilar as diferenças*. Esse é o Mistério central da confissão de fé cristã:

> Deus é Trindade. Se pensarmos nas nossas experiências humanas, o terceiro é aquele que rasga a projeção da equivalência. O dois é o símbolo da reciprocidade e da fusão: no dois projeto o um. Sou um mais um. O três é o elemento da diversidade. É muito diferente uma comunidade feita de duas pessoas e uma comunidade feita de três. Porque o terceiro traz consigo a verdade de uma relação que não pode ser apenas a projeção de um eu e de um tu. O terceiro obriga-nos a uma relação aberta, descentrada. O Espírito é esse terceiro. O mistério de Deus é trino[26].

---

23. Versão francesa do livro *A mística do instante*, TOLENTINO MENDONÇA, *Le temps et la promesse*, 227 (tradução pessoal).
24. LI, 82.
25. PNT, 73.
26. NCL, 60.

A Trindade Santa, sendo um mistério de fé, é também "uma verdade que se pratica, um caminho que se percorre, uma gestualidade que se põe em ato, um modo de viver que se aprende, uma modalidade de ser que se revela"[27]. À luz desse convite a uma existência trinitária – radicalmente singular e intrinsecamente relacional –, podemos agora examinar os dois caminhos espirituais propostos por Tolentino: o retorno aos sentidos corporais e a experiência da amizade.

Dos sentidos ao Sentido: portas abertas para a transcendência

A tradição espiritual do cristianismo desenvolveu uma importante teologia dos sentidos corporais, mas Tolentino identifica dois fenômenos problemáticos ligados à forma como eles são tratados. O primeiro diz respeito à crescente espiritualização da palavra "sentido", a partir de uma "espécie de movimento que fazia corresponder à alma aquilo que se diz do corpo"[28]. O segundo fenômeno diz respeito à introdução de uma hierarquia entre os sentidos. Ele se refere, por exemplo, ao pensamento de Tomás de Aquino, para quem "devia-se distinguir entre sentidos superiores e sentidos inferiores. Os inferiores seriam o tato, o olfato e o paladar, porque prevalentemente afetivos"[29].

No entanto, a liturgia da Igreja, que honra o corpo e a matéria nas várias celebrações sacramentais, continua sendo

---
27. MI, 52.
28. MI, 39.
29. MI, 21.

um tesouro de memória, testemunho e formação para toda espiritualidade cristã:

Todas as tradições litúrgicas nos dizem: a mística deve passar pelo corpo. A liturgia é intensamente corporal. Os sacramentos requerem uma matéria (a água do batismo, o óleo da unção da confirmação, o pão e o vinho da Eucaristia etc.). O espiritual pressupõe o sensível [...]. É o corpo que nos abre, como uma janela, para a transcendência[30].

De fato, para cada homem e mulher, a aventura da existência significa um chamado "a apropriar-se criativamente, e com todos os seus sentidos, do desabalado prodígio da vida"[31]. Essa apropriação pessoal envolve a capacidade de considerar nossos corpos e nossa existência como "profecia de um amor incondicional" e até mesmo como uma "gramática de Deus"[32]. Daí o convite de Tolentino para prestarmos atenção ao lugar fundante dos cinco sentidos na formação de nossa existência humana e na vida espiritual:

> Deus vem ao nosso encontro pelo mais cotidiano, mais banal e próximo dos portais: os cinco sentidos. Eles são grandes entradas e saídas de nossa humanidade vivida. Aprendamos a reconhecê-las como lugares teológicos, isto é, como território privilegiado não apenas da manifestação de Deus, mas da relação com ele[33].

---

30. Tolentino, *Le temps et la promesse*, 229 (tradução pessoal).
31. MI, 12.
32. MI, 12.
33. MI, 40.

Sua reflexão sobre os sentidos segue uma ordem específica, partindo daqueles que exigem proximidade até chegar aos que estabelecem uma relação à distância: tato, paladar, olfato, audição e visão[34]. Em primeiro lugar, a reflexão de Tolentino começa com o sentido do tato. Nosso biblista ressalta que "na ordem da criação ele tem certamente a primazia"[35]. Essa primazia é "espacial", porque o corpo é coberto por uma pele que "divide e ao mesmo tempo une o mundo exterior e o interno", uma pele que "lê a textura, a densidade, o peso e a temperatura da matéria"[36]. Mas a primazia do tato também é "temporal":

> O desenvolvimento dos sentidos no feto começa provavelmente com o tato. Depois, com o nascimento, é também através do contato físico que experimentamos a realidade: o frio e o calor, o familiar e o estranho, o desconforto e o consolo. Todo o objeto vem avaliado pelo nascituro através do tato[37].

Esse sentido nos ajuda a compreender uma verdade de nossa existência: "O tato permite que não esbarremos apenas uns nos outros, mas que existam encontros"[38]. Isso nos ajuda a tomar consciência da teia que é a vida, onde cada pessoa é "o resultado de uma cadeia inumerável de encontros, gestos, boas vontades, causas, afagos, afetos"[39]. Da mesma forma, a vida no Espírito não deve ser um "estado de impermeabilidade",

---

34. Vamos nos dedicar, agora, a uma aproximação mais existencial dos sentidos. Mais adiante, teremos a ocasião de aprofundar essa abordagem em diálogo com a perspectiva bíblica.
35. MI, 19.
36. MI, 19.
37. MI, 19.
38. MI, 19-20.
39. MI, 54.

mas "o seu contrário: uma radical porosidade à vida"[40]. Abre-se, assim, uma via de compreensão de nossa vida a partir das dimensões exterior e interior do toque:

> A nossa autobiografia é assim também uma história da pele e do tato, da forma como tocamos ou não, da forma como fomos e não fomos tocados, mesmo se essa continua, em grande medida, um relato submerso [...]. Existe um tipo de conhecimento, não apenas na primeira infância, mas pela vida afora, que só nos chega através do tato[41]

Em segundo lugar, Tolentino explora o sentido do paladar. Segundo ele, esse sentido possibilita uma relação muito fina e atenta com o mundo. Nosso autor afirma, apoiando-se no filósofo suíço Jean-Jacques Rousseau, que "há milhares de coisas indiferentes ao tato, ao ouvido ou à visão, mas não há quase nada que seja indiferente ao gosto"[42]. Esse sentido, ao nos dar acesso a um juízo gustativo do bom e do ruim, parece provocar em nós o desejo de provar outras coisas, de ampliar nossa apreciação do mundo. É por isso que Tolentino considera que ele "nos coloca numa zona de contato entre o 'isto' e o 'agora' e o que está aquém e além deles, aquém e além de nós"[43].

No entanto, a relação que esse sentido estabelece com o mundo baseia-se em um número limitado de percepções. Nosso sentido do paladar identifica cinco sabores básicos: "O amargo e o doce, o salgado e o azedo, e o *umami*, a categoria mais recente [...] que talvez seja ainda desconhecida de

---
40. MI, 57.
41. MI, 20.
42. MI, 21.
43. MI, 85.

muitos"⁴⁴. Para Tolentino, essa capacidade de distinção é uma testemunha da "ligação essencial que se costura entre saber e sabor, que a própria etimologia latina confirma (*sapere, sapore*)"⁴⁵. Fazendo eco a essa observação, o primatologista britânico Richard Wrangham afirma que o paladar e, em conexão com ele, a cozinha estão na raiz do desenvolvimento do cérebro humano, tornando "possíveis resultados cerebrais como a pintura nas cavernas, a composição das grandes sinfonias ou a invenção da *internet*"⁴⁶.

Portanto, o paladar desempenha um papel fundamental no processo de autodescoberta e na relação com Deus:

> O paladar [...] é um meio de conhecimento muito especial, pois nos permite tomar consciência das ressonâncias que um objeto ou um acontecimento exterior têm quando transitam para o interior. O paladar não fala senão dessa passagem. Nomeia os nossos registros de incorporação da vida e aquilo que aí privilegiamos: o prazer pelo prazer; o prazer afinado pela temperança; o prazer castrado, omitido⁴⁷.

Nosso autor chama a atenção, aqui, para a maneira como o paladar dá acesso a um duplo conhecimento: o de um objeto

---

44. MI, 21. Tolentino descreve assim essa categoria *consensualizada* somente em 1985: "O *umami* (escreve-se assim, sem tradução) significa, em japonês, 'saboroso'. O *umami* possui um gosto residual suave, mas duradouro, difícil de descrever, mas completamente identificável". MI, 21.
45. MI, 22. Tolentino, aqui, faz referência ao educador e teólogo brasileiro Rubem Alves: "O excelente pedagogo que foi Rubem Alves costumava dizer que, 'para entrar numa escola, alunos e professores deveriam passar antes por uma cozinha' e aprender que a sabedoria, tal como o paladar, é uma arte do desejo". MI, 22.
46. MI, 21.
47. MI, 83.

exterior, mas também o de ressonâncias internas, de nossos critérios de assimilação desse objeto. Para a vida espiritual, esse conhecimento íntimo deve ocupar um lugar de honra[48]. Identificar esse conhecimento profundo dos sabores e de nossas reações a eles leva tempo. Sobre esse ponto, nosso teólogo é categórico: "Sem lentidão não há paladar"[49]. E mais: sem lentidão, não há *memória* do que foi provado.

Em terceiro lugar, o sentido do olfato também tem suas particularidades. A meio caminho entre proximidade e distância, sua maneira de nos colocar em contato com o que está longe de nós é muito diferente, por exemplo, daquela do sentido da visão: "A relação entre sujeito e objeto na imagem é da ordem da representação, enquanto a percepção olfativa cola-se a nós, é impregnação pura"[50]. O sentido do olfato nos desperta "para um contato *de fusão* com o mundo, um contato ao mesmo tempo imediato, flagrante e íntimo"[51]. É por isso que ele nos dá acesso à experiência de uma presença invisível que "não ocupa espaço, mas impregna a realidade"[52].

Por um lado, os cheiros nos colocam em contato com uma presença oculta aos outros sentidos. Tolentino nos lembra que muitas vezes somos protegidos pelo olfato, quando ele nos previne que um prato foi esquecido no forno ou que uma comida está estragada. Por outro lado, uma informação olfativa é capaz de nos levar a uma viagem no tempo, tornando as experiências do passado surpreendentemente presentes: "A casa

---

48. Tolentino cita, aqui, a segunda anotação dos *Exercícios Espirituais* de Santo Inácio: "Não é o muito saber que sacia e satisfaz a alma, mas sim sentir e saborear internamente todas as coisas". MI, 82-83.
49. MI, 79.
50. MI, 22.
51. MI, 22.
52. MI, 87.

de nossa infância, um velho armário, um brinquedo, uma estação, uma pessoa que amamos"[53]. É assim que o teólogo português resume a experiência de transcender, de certo modo, os limites do tempo e do espaço:

> Os odores que fluem na minha memória são o meu patrimônio afetivo, a minha história. [...] É próprio do odor não ter fronteiras nem limites no que ao espaço respeita. Indo além de nós, ele nos permite igualmente derramarmo-nos, abrirmo-nos, diluirmo-nos numa ubiquidade que, de outra maneira, nos seria vedada[54].

Tolentino também destaca uma função hermenêutica do olfato: a identificação da singularidade. Ele afirma que "o olfato é um fantástico centro de interpretação da vida. Cada instante tem o seu odor. Cada estação. Cada pessoa"[55]. Entretanto, o progresso da civilização ocidental levou a um recuo cultural dos cheiros. Referindo-se ao pai da psicanálise, S. Freud, nosso autor afirma que esse recuo está ligado a um mal-estar diante da individualidade dos corpos: "O odor está demasiado próximo dos estágios primitivos, expõe excessivamente a individualidade, lembra que há uma corporeidade que não passa despercebida"[56].

---

53. MI, 23.
54. MI, 87-88.
55. MI, 87.
56. MI, 101. Tolentino faz referência a um sociólogo francês, David Le Breton, que demonstra a desvalorização dos odores no Ocidente. Ele dá um exemplo linguístico. No séc. XV, "existiam na língua alemã mais de 158 palavras para designar a experiência do olfato e os diferentes odores", mas somente "32 subsistem hoje". Entretanto, o fenômeno não é o mesmo no mundo árabe-muçulmano, que, segundo

Em quarto lugar, o sentido da audição nos coloca em contato com o mundo dos sons. Além dos ruídos, vozes e músicas que ouvimos, há duas categorias de som que, para nós, passam despercebidas. Por um lado, a ciência acústica conhece o infrassom, que tem uma frequência inferior a vinte hertz. Ele é ouvido, por exemplo, por elefantes. Por outro lado, encontramos o ultrassom, que tem uma frequência de mais de vinte mil hertz. Ele é percebido por cães e gatos, por exemplo. Diante desse fato, Tolentino conclui: "A diversidade sonora é, sem dúvida, um misterioso lugar"[57].

Entretanto, a experiência humana da escuta não pode ser reduzida a uma percepção da sonoridade. Para nosso autor, a escuta humana, "antes de tudo, é atitude, é inclinar-se para o outro, é disponibilidade para acolher o dito e o não dito, o entusiasmo da história ou o seu avesso, a sua dor"[58]. É exatamente essa atitude – "a forma de hospitalidade de que mais precisamos"[59] – que dá acesso ao conhecimento mais fundamental. Mas à medida que avançamos em direção aos "fundamentos" de uma relação com o mundo e com os outros, ocorre um fenômeno curioso: os sentidos convergem para uma apreensão mais integral da realidade. É isso que Tolentino diz, ao refletir sobre o que ele denomina "a escuta do coração":

> Quando falamos de escuta desinteressada do outro, sentimos que há um outro nível de audição que precisamos aprender. Não há apenas uma escuta com os ouvidos, mas também

---

nosso autor, "mantém mais viva a sabedoria dos odores": cerca de 250 palavras estão relacionadas com o odor. MI, 100-101.
57. MI, 24.
58. MI, 107.
59. MI, 108.

um escutar com o coração, que mais não é que uma escuta profunda, onde todos os sentidos são úteis para nós[60].

É no exercício profundo desse sentido que aprendemos a obediência ao real[61]. De todos os exercícios de escuta obediente da realidade, talvez o mais difícil seja aquele que nos coloca à escuta de nossas próprias profundezas, porque isso "não se faz sem coragem e sem esvaziamento"[62]. No entanto, é essa escuta atenta da realidade e de nós mesmos que nos permite tomar as decisões certas para a constituição de uma vida autêntica. Nosso teólogo adverte: "Por vezes o que nos aproxima da autenticidade é o continuar, por vezes é o parar. E só o saberemos no exercício paciente e inacabado da escuta"[63].

A atenção ao sentido da audição também nos faz reconhecer que precisamos ser ouvidos. A escuta de outra pessoa nos ajuda a nos expressarmos de forma diferente e a voltarmos a nós mesmos, enriquecidos pela partilha. Isso nos revela nossa necessidade do outro, bem como nosso estado permanente de incompletude:

> A vida de cada um de nós não se basta a si mesma: precisaremos sempre da audição do outro, que nos mira de outro ângulo, com outra perspectiva e outro humor. A vida só por

---

60. MI, 24.
61. Tolentino lembra que a palavra "obediência" – *ab-audire*, em latim – significa "dar ouvidos, ouvir bem, permanecer em escuta". MI, 112.
62. MI, 118. É sobre isso que falam os Padres do Deserto: "Aquele que se senta em solidão e está silencioso escapou de três guerras: ouvir, falar, ver. Terá, contudo, de travar continuamente uma batalha contra uma coisa: o seu próprio coração". MI, 119.
63. MI, 118.

intermitências se resolve individualmente, pois o seu sentido alcança-se unicamente na partilha e no dom[64].

Por fim, chegamos à especificidade do sentido da visão. De acordo com Tolentino, a visão não é simplesmente um sentido, mas uma síntese de vários sentidos: "O sentido da intensidade luminosa, o das cores, o da profundidade e distância"[65]. Todas essas sensações estão ligadas à luz, que viaja a uma velocidade de trezentos mil quilômetros por segundo. É a luz que possibilita que nossos olhos percebam a realidade: "É a essa viajante apressada que devemos a ativação do sofisticado mecanismo que nos permite passar do olho ao olhar"[66].

Em uma reflexão sobre as cores, Tolentino nos lembra que a percepção visual da realidade não é apenas um fenômeno natural, mas também reflete uma construção humana. Ele dá o exemplo da cor do céu. Para as pessoas de hoje, dizer que o céu é azul se tornou algo óbvio. Mas, para Aristóteles, Lucrécio e Sêneca, o céu era descrito como vermelho, amarelo, violeta e laranja. Será que eles conseguiam ver o azul que nós vemos? Nosso teólogo, em um tom sapiencial e poético, lança belas dúvidas sobre o que seremos capazes de ver no futuro:

> O azul que esteve diante dos olhos de Aristóteles, e que ele não contemplou, nos faz pensar naquilo que está hoje patente e acessível a nosso lado sem que nos demos conta. Pela vida afora há, por isso, uma humilde dúvida que temos de conservar: que cor tem o céu que não chegamos a ver?[67]

---

64. MI, 125.
65. MI, 24.
66. MI, 24.
67. MI, 157.

Assim como a diferença entre ouvir e escutar, há nuances específicas do sentido da visão. Além da capacidade de ver, Tolentino reflete sobre dois atos ligados à nossa visão: notar e contemplar. O ato de notar é um olhar que exige lentidão. Para ele, é "uma reparação, um processo de restauro, de resgate, de justiça"[68] em relação à realidade, depois de tantos meio-olhares de nossa parte. Quanto ao ato de contemplar – particularmente a contemplação espiritual –, ele representa "uma forma de exposição desarmada do olhar, uma colocação sem reservas, uma aprendizagem sempre a ser refeita, um despojamento dos porquês em face dos instantes"[69].

Também somos olhados e contemplados, e não apenas por outros seres humanos. Tolentino conta uma experiência que a filósofa polonesa Rosa Luxemburgo teve na prisão de Breslávia. Em uma carta a uma amiga, Rosa fala sobre uma troca de olhares que teve com um búfalo enquanto ele estava sendo violentamente espancado por um cocheiro. Havia, nos olhos do búfalo, uma expressão semelhante à de uma criança que não entende o motivo pelo qual está sendo castigada. Ela disse à sua amiga: "Eu estava diante dele, e o animal me olhava. Soltaram-se em mim lágrimas que eram, afinal, as dele"[70]. Nosso teólogo comenta essa experiência:

> Na empatia que ligava agora aquela mulher a um anônimo animal ferido nascia uma nova forma de resistência à

---

68. MI, 140.
69. MI, 147. Nosso autor faz aqui referência à filósofa francesa Simone Weil, para quem a contemplação é um armistício que libera o maravilhamento: "Simone Weil diria que só contemplaremos uma maçã quando não tivermos a intenção de comê-la". MI, 147.
70. MI, 152.

brutalidade e à barbárie. Naquela "grandiosa guerra que tinha diante dos seus olhos", Rosa Luxemburgo compreendia que uma comunhão entre os seres humanos e as outras criaturas é não apenas possível, mas urgente e necessária[71].

Assim, o aprofundamento de nossa experiência sensorial nos ajuda a descobrir a densidade do sentido da vida, compartilhado por todos os seres viventes. No final de sua pedagogia mística, Tolentino retoma as palavras do escritor francês Jacques Lacarrière: "O verdadeiro viajante é aquele que, a cada novo lugar, recomeça a aventura do seu nascimento"[72]. Essa viagem livre e contínua permite o "refazimento do contexto, que é outro modo de se referir à aventura do nascimento, que para cada pessoa está em desenvolvimento, que nunca se encerra"[73]. Como em qualquer transformação, "tornar-se adulto por dentro não é propriamente um parto imediato ou indolor"[74]. Precisamos de ajuda e companhia.

Da amizade ao amor: "nenhum caminho será longo"

Depois de atravessar o portal da experiência singular possibilitada por nossos sentidos corporais – ao desvelar sua radical abertura à relação –, é hora de examinar outra porta, aquela que começa na relação – e revela o que cada um tem de único: a amizade. Para aqueles que estão familiarizados com

---
71. MI, 152.
72. MI, 153.
73. MI, 154.
74. MI, 55.

a linguagem cristã, uma pergunta se impõe: por que Tolentino prefere falar de amizade em vez de amor? Nosso autor vê uma grande vantagem em prestar mais atenção à experiência da amizade:

> Talvez a grande diferença entre amor e amizade resida no fato de o amor tender sempre para o ilimitado, suspeitando de contornos e fronteiras. Quando se esconde alguma coisa, na relação amorosa, cedo ou tarde isso ganha um peso insuportável; enquanto, na amizade, lidamos de maneira leve com os constrangimentos, aceitamos que exista uma vida sem nós e além de nós[75].

Dessa forma, a relação de amizade pressupõe uma atitude interior que, gradualmente, leva a um amor mais saudável e santo: "Aceitamos de forma mais natural a diferença, uma certa distância que não é considerada obstáculo à confiança"[76]. Essa distância se torna a condição de possibilidade para a revelação e o dom recíprocos, em uma jornada crescente de liberdade. Mas é uma distância que se aproxima, semelhante à de uma mãe em relação a seu filho. Tolentino ressalta que, na língua latina, tanto o termo *amor* quanto *amicitia* derivam da raiz *am*, que se refere à mãe (*amma*) e à ama (*mama*), em latim popular: "Na amizade haveria, assim, um envio ao amor materno ou, dito de outra forma, ao amor como estrutura primacial da existência"[77].

A amizade é uma experiência universal, representando, "para cada pessoa, um percurso inapagável de humanização e

---

75. NCL, 16.
76. NCL, 16.
77. NCL, 42.

de esperança"⁷⁸. É um caminho de aprendizagem da vida e do amor – que seria percebido como demasiado longo e insuportável sem a companhia de outra pessoa. Esse processo destaca duas verdades existenciais profundamente ligadas: "Com cada homem vem ao mundo algo de novo que nunca antes existiu, algo de inaugural e de único, mas é na construção de uma reciprocidade que de forma consistente o podemos descobrir"⁷⁹. O inédito que nós somos é, portanto, uma questão em aberto para nós mesmos. Sem aceitar nossa vida como um mistério, "não teremos paz. Habitaremos sempre a divisão e o conflito"⁸⁰.

Tolentino emprega a imagem do peregrino para falar sobre Deus e seus amigos e amigas. No coração da amizade com esse Peregrino, cada pessoa pode aprender a importância da fidelidade e da repetição, bem como a abertura para o inédito e o singular:

> Deus é peregrino, desloca-se, é sempre diferente. E nós, como é que acolhemos a amizade de Deus? Nós a acolhemos tanto na fidelidade ao mesmo, à repetição, ao prolongamento do gesto e do lugar, à recordação, como na diferenciação, no risco, no inédito, no original, no singular, no novo⁸¹.

É nessa alternância que aprendemos a integrar todas as experiências de modo sereno e positivo. Tolentino reconhece isso na vida e nos ensinamentos das pessoas santas, que são capazes de receber *tudo* como um dom de Deus: "Aceitar a

---
78. NCL, 12.
79. NCL, 103.
80. NCL, 54.
81. NCL, 59-60.

noite e o nada, o silêncio e a demora, aceitar a graça e fraqueza. Aceitar, aceitar. De tudo fazer caminho"[82]. A amizade é capaz de integrar positivamente até mesmo os limites, como nos lembra continuamente a experiência de uma relação entre amigos e amigas: "Chega um momento em que você vai para sua casa e eu para a minha, e isso não representa nenhum drama"[83]. Essa separação que não rompe a relação não é apenas um dado geográfico: ela diz algo sobre o próprio ser de cada pessoa. A esse respeito, nosso autor retoma as palavras do escritor francês Maurice Blanchot: os amigos reservam, "mesmo na maior familiaridade, a distância infinita, essa separação fundamental a partir da qual o que separa se torna relação"[84]. A metáfora da comida nos ajuda a entender o que está em jogo aqui. Diante do bem que uma amiga ou um amigo representa para mim, minha fome e meus desejos são revelados, mas a amizade deve ser capaz de não reduzir o outro a algo que pode me satisfazer. Tolentino compartilha conosco uma reflexão de Simone Weil sobre esse assunto:

> A amizade é o milagre pelo qual um ser humano aceita olhar à distância, e sem se aproximar, o próprio ser que lhe é necessário como um alimento. É a força de espírito que Eva não teve; e, contudo, ela não tinha necessidade do fruto. Se ela tivesse tido fome no momento em que olhava o fruto, e se, apesar disso, tivesse permanecido indefinidamente a olhá-lo sem dar um passo na sua direção, teria realizado um milagre análogo ao da perfeita amizade[85].

---

82. NCL, 22-23.
83. NCL, 20.
84. NCL, 51.
85. NCL, 50.

Essa comparação nos conduz à lição mais importante e mais difícil para os amigos: a da gratuidade. Tolentino adverte que "o interesse por qualquer forma de ganho obscurece na amizade o verdadeiro bem"[86]. O que impede alguém de viver uma vida autêntica é uma espécie de "ditadura das finalidades". A gratuidade é o único remédio contra essa cobiça, pois permite o "viver mergulhado no ser", dando-nos acesso à "polifonia da vida, na sua variedade, nos seus contrastes, na sua realidade densa, na sua inteireza"[87].

Aqueles que descobrem a alegria da gratuidade são capazes de desenvolver uma nova relação com a vida e com a morte: uma amiga e um amigo são pessoas que nos ajudam a crer na vida *antes* da morte[88]. De fato, se, por algum motivo, eu "desistir de confiar que existe vida (isto é, possibilidade de vida verdadeira) antes da minha morte, tudo fica estranho, escuro e perdido"[89]. Ao mesmo tempo, uma pessoa que tenha vivenciado uma relação que perdura e até amadurece à distância também pode viver o luto de forma diferente quando uma amiga ou um amigo querido se vai. Nosso teólogo sugere uma interrogação que nasce dessa profunda mudança de perspectiva: "O mais fecundo a perguntar, quando os nossos amigos morrem, não é: 'Por que é que eles partiram?'. O que levaremos o resto da vida para responder, sempre em total gratidão, é antes: 'Por que é que eles vieram?'"[90].

---

86. NCL, 119.
87. NCL, 129.
88. Tolentino reflete aqui sobre uma frase que ele viu grafitada em um muro: "Acreditam na vida antes da morte?". NCL, 128.
89. NCL, 129.
90. NCL, 217.

Obviamente, esse tipo de relação não se constitui da noite para o dia. Dois "ingredientes" são necessários para construir uma amizade madura: o tempo e o perdão. Com relação ao primeiro, Tolentino nos lembra que "só com tempo descobrimos o sentido e a relevância da nossa marcha ao lado uns dos outros"[91]. Com relação ao segundo ingrediente, nosso autor é muito realista: "O pacto da amizade nunca escapa à turbulência de nossos limites, incoerências, fraquezas"[92]. Isso pode significar muito, pois em qualquer amizade corremos o risco de trair a confiança da outra pessoa ou de sermos traídos[93]. O perdão é o único caminho para integrarmos, gradualmente, essa experiência dolorosa ao mistério que é nossa vida.

Então, quais são as características mais importantes dessa relação? Aqui está um bom resumo do que está em jogo nas aprendizagens de uma amizade:

> A aceitação do outro, o reconhecimento sereno dos limites, a diferenciação, a ausência de domínio, a liberdade, a gratuidade, a pura contemplação, o não reter, a percepção de que o outro é passagem na minha vida e passagem que, por dentro, me fecunda[94].

No coração da amizade, a vida se revela como "um fluxo, uma viagem, um projeto aberto, uma epifania inacabada". Para a fé cristã, isso nos conduz ao tema principal da vida espiritual: "Essa experiência de nascimento e renascimento,

---

91. NCL, 105.
92. NCL, 190.
93. Tolentino lembra que "só quem me ama pode me trair". NCL, 178.
94. NCL, 25.

da vida em aberto, em recomposição a partir da graça do Espírito"[95]. A vida dos discípulos e discípulas de Jesus, fundamentada em uma amizade pessoal com ele, é direcionada para esse processo que leva à sua consumação: "Torna-se vida eucarística"[96]. Mas quais caminhos temos ao nosso alcance para chegarmos a esse jeito de viver "que contém todo sabor"?

---

95. NCL, 158.
96. NCL, 168.

4
Uma iniciação à própria humanidade: o ato da alimentação

Pouco a pouco, vão se descortinando as bases da obra literário-teológica de Tolentino. Na reflexão deste biblista, a contribuição da fé cristã para a constituição de uma nova "gramática do humano" envolve o desenvolvimento de um jeito espiritual de habitar o cotidiano, com atenção especial à reconstituição de um corpo pessoal (por meio dos sentidos corporais) e de um corpo social (por meio da amizade). Portanto, uma visão cristã da espiritualidade humana nunca pode ser entendida em oposição à materialidade de nossa existência. Pelo contrário, ela é continuamente confrontada com o perigo de um desinvestimento em relação à carne, com a tentação de construir uma forma "desencarnada" de habitar o mundo. Nosso autor reconhece o desafio que essa espiritualidade do cotidiano representa para nós. Para alcançá-la, precisamos ser educados, iniciados em um caminho que nos torne capazes de encontrar o fio condutor que nos revele o sentido de nossa própria vida[1].

---

1. Nosso autor lamenta: "Fazem-nos falta as dimensões de iniciação na vida corrente, no fio ordinário dos nossos encontros e desencontros, dos nossos vislumbres e dos nossos fracassos". PNT, 15.

Em seus livros – quer se concentrem na hermenêutica bíblica, na oração ou na mística dos sentidos, quer ainda na teologia da amizade –, Tolentino reserva uma seção para refletir sobre as várias dimensões de nossa relação com a comida. Para ele, a comida é um "lugar" privilegiado para a revelação das profundezas de uma pessoa e de um grupo humano, bem como para a iniciação a um tipo de relação mais consciente com o mistério que nós somos, o mistério que é o mundo e o mistério que é Deus. Inspirado pela fé eucarística, nosso autor propõe uma analogia iluminadora: "A vida é pão". Segundo ele, todas as vidas "cabem na imagem cotidiana, quase trivial, do pão que se parte e reparte. Porque as vidas são coisas semeadas, crescidas, maturadas, ceifadas, trituradas, amassadas: são como pão"[2].

Neste capítulo, descobriremos como Tolentino concebe esse caminho de iniciação à nossa própria humanidade. A consideração sobre a relação entre vida e alimento vai nos ajudar a ilustrar e aprofundar as reflexões apresentadas nos capítulos anteriores, com base em três eixos: a comensalidade, a cozinha e o jejum[3].

---

2. PNT, 106.
3. Com algumas adaptações, o conteúdo apresentado neste capítulo foi, anteriormente, publicado nas edições italiana e brasileira da revista *La Civiltà Cattolica*. Ver: Adão, F. S., La saggezza teogastronomica. L'atto di nutrire (sé stessi) e l'iniziazione allá propria umanità, *La Civiltà Cattolica*, v. II (2023) 449-461; A sabedoria teogastronômica. O ato de nutrir(-se) e a iniciação à própria humanidade". *Civiltà Cattolica* (edição em português), v. 1 (2023a) 49-63.

Um desafio universal: tornar-se próximo pela comensalidade

Tolentino chama a nossa atenção para uma saudação do Papa Francisco, frequentemente dirigida a seu público no final do *Angelus*: "Bom domingo e bom almoço". Essa saudação, tão prosaica, toca as pessoas porque revela uma "capacidade, que parece fácil, mas é muito rara, de avizinhar-se, de revelar-se familiar, de expressar uma atenção concreta pelos outros"[4]. É a referência ao almoço que cria esse sentimento de proximidade e familiaridade. Nos diferentes períodos da história e nas diversas civilizações ao redor do mundo, compartilhar uma refeição – a "comunhão de mesa" – refere-se a uma construção de vínculos, e os convidados são levados a "transcender aquele espaço que separa os outros dos nossos" e a "ultrapassar os obstáculos que dividem o mundo entre estranhos e familiares"[5]. Tanto na partilha da mesa quanto no voto fraterno de um bom almoço para o outro, o que está em jogo é a redução das distâncias, a possibilidade de uma aproximação entre pessoas diferentes.

Para todos os seres vivos, a alimentação é uma questão de necessidade. Mas, quando começamos a comer *juntos*, uma mudança simbólica está em andamento: "O comer em companhia transforma a satisfação de uma necessidade primária num momento social de grande alcance"[6]. Quando uma refeição é compartilhada por um grupo, a mesa se torna uma espécie de espelho:

---
4. MI, 72.
5. MI, 72.
6. NCL, 90.

A companhia à mesa faz do motivo da alimentação uma espécie de microcosmo que reflete desejos e interditos, práticas e tráfico de sentido. Ao observarmos o modo como se desenvolvem as refeições, ficamos na posse da estrutura interna, valores e hierarquias de um determinado grupo humano, bem como dos limites que ele estabelece com o mundo que o rodeia[7].

De fato, tanto nossas experiências pessoais quanto a história das práticas alimentares humanas atestam o fato de que, ao redor da mesa, celebramos "os eventos fundadores, os nascimentos, os ritos de passagem, os triunfos, mas também o luto, as crises ou a prova"[8]. Se isso for verdade, não devemos considerar a mesa simplesmente como um lugar onde os códigos culturais, as estruturas sociais, as hierarquias e os preconceitos compartilhados são expressos. Ela também é um lugar vivo e dinâmico onde pessoas e grupos constroem juntos sua humanidade.

Nas antigas sociedades mediterrâneas, a palavra partilhada ao redor da mesa (ou logo após a refeição) também possibilitava a revelação de si mesmo aos outros convidados. Tolentino lembra o famoso exemplo da literatura grega: na *Ilíada*, é ao redor da mesa que o herói Ulisses revela gradualmente sua identidade. Para nosso autor, esse não é apenas um caso literário. Trata-se de uma experiência acessível a todos, sendo a mesa "um momento de excelência para a revelação de si, pois

---

7. NCL, 90. Sobre esse mesmo assunto, em diálogo com o historiador italiano de tradições alimentares, Massimo Montanari, Tolentino apresenta a refeição como "um referente de grande espessura comunicativa, se pensarmos que ela tem as virtualidades de um espelho: aí se colhem alguns dos códigos mais intrínsecos a uma cultura". LI, 160.
8. HD, 23.

todo comensal traz como dom a narração da sua história"⁹. O principal desafio da partilha da palavra, possibilitada pela partilha da mesa, é acolher o outro naquilo que ele é: esse acolhimento profundo que chamamos de hospitalidade. Tolentino explica isso da seguinte maneira:

> A hospitalidade é um pacto de linguagem. É um espaço/tempo onde o contar se realiza no contar-se. Diante dos que escutam, abre-se a possibilidade autobiográfica, que permite recompor fragmentos, enlaçar os fios quebrados, encontrar as palavras que segredam a íntima arquitetura da vida¹⁰.

Considerando que o ato de comer junto é tão densamente humano, não é de surpreender que seja uma categoria central para as várias religiões. O cristianismo, no entanto, adotou uma posição original em relação às religiões que o cercavam: ele "se interessou muito pela comida, mas *sub contrario*, relativizando os interditos de tipo alimentar (o que se come, com quem se come, como se come)"¹¹. Referindo-se às reflexões paulinas sobre sexualidade e comensalidade, Tolentino chama a atenção para o modo como o cristianismo nascente tenta elaborar uma nova práxis e construir novos símbolos que ofereçam uma alternativa social aos mecanismos de legitimação das sociedades antigas. De acordo com nosso biblista, para traduzir e encarnar a boa-nova de Jesus, "o sexo e a mesa representam eixos privilegiados da organização do cotidiano a que o cristianismo há de atender"¹².

---
9. HD, 24.
10. LI, 162.
11. HD, 27.
12. LI, 131. A reflexão de Paulo encontra-se na primeira carta à comunidade de Corinto. Cf. 1 Coríntios 6,12-20.

Mas o desafio permanece atual. Se, para cada um de nós, "a mesa é uma espécie de fronteira simbólica que testemunha, para lá das diferenças, uma possibilidade radical de comunhão"[13], essa proximidade pode nos assustar. Até mesmo um gesto de bondade, como uma esmola, pode ser "o último grande refúgio da consciência diante do medo e do transtorno que a comensalidade representa"[14]. *Nossa humanização não se sustenta na doação de coisas, mas na comunicação de nós mesmos*. É por isso que "à mesa [pesa] mais a solidão ou a incomunicabilidade em que muitos vivem"[15]. Graças à comensalidade, o mistério da vida se manifesta: "Somos uns para os outros, na escuta e na palavra, no silêncio e no riso, no dom e no afeto, um alimento necessário, pois é de vida (e de vida partilhada) que as nossas vidas se alimentam"[16].

Um engajamento pessoal: desvelar a cozinha de nossa vida

A comensalidade é um espaço público onde a hospitalidade mútua é expressa – ou não! Mas a mesa não é o único lugar onde essa prontidão para acolher se manifesta. Fazendo eco à reflexão de vários autores e autoras, Tolentino se pergunta sobre certa dicotomia entre o que acontece durante a refeição e tudo o que a precede. Por um lado, temos a sala de jantar – "o lugar da convivialidade, da ordem, dos códigos de etiqueta, de um aprimoramento sem falhas, ornamental e perfeito, à maneira

---

13. LI, 156.
14. LI, 156.
15. LI, 160.
16. HD, 25.

de um palco"[17]; esse espaço é reconhecido como um "lugar do desfrutamento, à maneira de um doce intervalo para fruir"[18].

Por outro lado, temos a cozinha – o lugar dos técnicos nos bastidores, um local "mais próximo da realidade, mas também mais imperfeito, desordenado, com nódoas, panos espalhados ao acaso, sem aquele cuidado pelo bonito"[19]; esse espaço é frequentemente visto como "símbolo do trabalho servil, esforçado, não reconhecido"[20].

Entretanto, se a vida é um processo de transformação, a cozinha se torna o lugar da autenticidade, o espaço de proximidade radical com o que constitui nossa existência pessoal e coletiva. Para um pensador do humano, ela é uma metáfora poderosa:

> A cozinha é metáfora da própria existência, pois distingue-nos uma certa capacidade de viver na transformação, numa mobilidade que não é só geográfica, mas total. Em cada uma das nossas cozinhas dão-se tantas transformações que elas se tornam quase invisíveis. A cozinha é o lugar da instabilidade, da procura, da incerteza, das misturas inesperadas, das soluções criativas mais imprevistas. Por isso está desarrumada tantas vezes, porque vive nessa latência de recomposição. Na cozinha torna-se claro que a transformação que damos às coisas reflete aquela que acontece no interior de nós[21].

---

17. NCL, 78.
18. NCL, 78.
19. NCL, 78.
20. NCL, 78.
21. LI, 159.

Tolentino nos convida a ficar atentos a esse lugar e a essa prática que se tornaram "invisíveis", muitas vezes por causa de preconceitos e medos. Dependendo da maneira como um comensal conta a história de sua vida ao redor da mesa, sua verdade mais profunda pode permanecer oculta. De fato, em nossos relatos, a atenção tão frequentemente concentrada em datas, em eventos importantes e no extraordinário não consegue captar nossa experiência mais autêntica, porque "o que determina mais fortemente a nossa vida é essa dimensão silenciosa e submersa que o paradigma da cozinha ajuda a revelar"[22]. Essa atenção ao que está oculto no ordinário está no centro do método histórico, antropológico e espiritual proposto por Michel de Certeau. Nosso autor retoma suas reflexões:

> O cotidiano é o que nos revela mais intimamente... É uma história a meio-caminho de nós mesmos, quase em retrato, por vezes velado; não devemos esquecer este "mundo memória", segundo a expressão de Péguy. A tal mundo estamos presos pelo coração, memória olfativa, memória dos lugares da infância, memória do corpo, dos gestos, dos prazeres... O que interessa ao historiador do cotidiano é o invisível[23].

A antropologia cultural e a mitologia também nos ajudam a tomar consciência do que está simbolicamente em jogo em nossa relação com os alimentos. Tolentino revisita o famoso estudo do antropólogo Claude Lévi-Strauss, "O cru e o cozido", sobre os mitos indígenas das florestas tropicais da América do

---
22. NCL, 81.
23. NCL, 82.

Sul. Ele se concentra especialmente nas narrativas relativas ao uso do fogo para cozinhar. De acordo com o antropólogo francês, "a cozinha assinala a passagem da natureza para a cultura. O cru representa o estado natural. O cozido é uma transformação operada pelos homens"[24]. Assim, a cozinha representa um lugar de humanização, mas uma humanização entendida como uma diferenciação da natureza, um distanciamento ou uma autonomização em relação às circunstâncias naturais.

Em um curioso paralelo com o mito grego de Prometeu, a maioria dos mitos indígenas sul-americanos associa o surgimento do fogo – e, em conexão com ele, da cozinha – a uma ruptura com a realidade divina. Mesmo que essa categoria não seja formulada, entende-se que a ruptura culinária com o divino reflete certo antropocentrismo: é sempre "um centramento no homem e nas suas possibilidades"[25]. De acordo com Tolentino, para esses povos, o surgimento da culinária representa uma ruptura identitária: "Na apropriação da arte de cozer, o homem reivindicaria a condição de senhor de si"[26]. Será que esse conflito espiritual e simbólico dos povos ancestrais está realmente muito distante de nossas questões contemporâneas?

Adotar a metáfora da cozinha para falar sobre a existência humana significa reconhecer que nossa originalidade reside em nossa capacidade de viver em transformação[27]. Analisando a vida espiritual, Tolentino destaca uma observação feita por Santa Teresa de Ávila sobre as irmãs que, por obediência, se dedicavam a tarefas práticas:

---
24. NCL, 79-80.
25. NCL, 80.
26. LI, 147.
27. Cf. NCL, 81.

Achava-as tão medradas em coisas espirituais que me espantavam. Eia, pois, filhas minhas! Não haja desconsolo quando a obediência vos mantiver empregadas em coisas exteriores. Entendei que até mesmo na cozinha, entre as caçarolas, anda o Senhor...[28]

Esse é um passo importante na autocompreensão humana e na compreensão do mistério de Deus. Ao afirmar que o Senhor também está no meio das panelas, Teresa nos ensina a reconhecer que não há concorrência entre a liberdade humana e a liberdade de Deus. Se Deus frequenta as cozinhas de mulheres e homens, isso significa que ele "não acusa o homem por este criar um espaço diferente da natureza, da criação. Deus aparece como inspirador"[29]. O problema para estabelecer uma relação verdadeira com *esse* Deus, a partir da cozinha, não seria mais o de um corte, mas o seu oposto: "É uma proximidade tão chegada que nos causa algum embaraço"[30].

As duas grandes escolhas a serem feitas em nossa relação com Deus – e, podemos acrescentar, com o mundo – são: escolher a proximidade e a realidade, como sugere a anedota sobre Teresa; ou escolher a distância e a representação. Nessa última opção, o verdadeiro conflito com Deus se situa no abandono de sua encarnação na vida concreta em nome da ornamentação. A esse respeito, nosso autor se refere à crítica do semiólogo francês Roland Barthes, em seu texto *Mitologias*. Tolentino retoma sua análise da abordagem "ornamental" da cozinha apresentada pela revista *Elle*: "A ornamentação procede por duas vias contraditórias: por um lado, afasta-se da natureza, graças

---

28. NCL, 76.
29. NCL, 80.
30. NCL, 77.

a um barroquismo delirante [...] e, por outro, tenta reconstruí-la, através de um artifício extravagante"[31].

Tolentino nos alerta sobre essa ameaça contra uma verdadeira vida no Espírito, reafirmando a cozinha como um remédio eficaz contra esse desvio:

> Há também uma vida espiritual só de papel, e propostas sazonais de ornamentação em que temos de pôr cerejas em limões e decorar delirantemente o nosso percurso interior. Em que medida a nossa espiritualidade pode escapar ao ornamental? A solução passa, talvez, pelo reencontro da nossa cozinha e perceber que, nesse real, Deus se move. E nos permite, no mais verdadeiro de nós, retomar o fio da amizade e do desejo[32].

Uma escolha paradoxal: jejuar para saciar a fome

Esse caminho iniciático em torno da alimentação não estaria completo sem uma reflexão sobre a fome e o jejum. Jejuar significa seguir livremente o caminho da simplicidade, ou seja, "a escolha do pouco, de viver com pouco, procurando encontrar aí, ou retirar daí, o máximo sentido"[33]. Significa tomar, ocasionalmente ou de um modo durável, o caminho oposto ao da abundância difusa, que pode levar a uma fusão em que tudo se confunde: "O ajustado e o supérfluo; o eleito e o repetido; o original e o banal; a possibilidade de consumo e a promessa de

---
31. NCL, 87.
32. NCL, 88.
33. MI, 74.

felicidade"³⁴. Tolentino considera qualquer tipo de jejum – de comida, de consumo ou mesmo de crítica – como um ato espiritual que "amplia o campo da nossa liberdade"³⁵. Para nosso autor, esse ato espiritual é fecundo. Segundo ele, o jejum "cria novas disponibilidades, possibilita um melhor exercício do discernimento, melhora inclusive o sentido de humor... e dispõe-nos à solidária partilha com os mais pobres"³⁶.

O caminho interior aberto pelo jejum deve nos afastar de "práticas predatórias", inspirando "uma nova qualidade e um novo estilo de relação" que vão além de uma "busca insistente do proveito próprio"³⁷. Se a existência humana está sempre em transformação, isso também diz respeito à nossa relação com as estruturas do mundo, que "patrocina o desfrute devorante das fontes do planeta"³⁸, provocando em uma multidão de pessoas o escândalo de uma fome não escolhida.

Portanto, o jejum tem implicações éticas e ecológicas. Ele significa a escolha da *autolimitação* do desejo de comer. Para ilustrar isso, Tolentino recorre a um exemplo profundamente belo e terrível. É o poema *A Borboleta*, do poeta italiano Tonino Guerra, prisioneiro em um campo de concentração durante a Segunda Guerra Mundial:

> Contente, mesmo contente/ estive na vida muitas vezes/ mas nunca como quando em liberdade/ na Alemanha/ me pus a olhar para uma borboleta/ sem vontade de a comer³⁹.

---
34. MI, 74.
35. PNT, 103.
36. PNT, 103-104.
37. MI, 73.
38. MI, 73.
39. MI, 60.

Além de apresentar o jejum como uma atitude que nos ajuda a ampliar nossa liberdade e a aumentar nossa consciência solidária em relação aos pobres e ao mundo, Tolentino nos convida a ir ao coração dessa prática antiga. Segundo ele, "o que está em causa no jejum é a possibilidade de nos interrogarmos sobre algo mais fundo: aquilo que nos serve de alimento e a voracidade sonâmbula com que vivemos"[40]. É na frugalidade e simplicidade, na falta mediada pelo jejum, que podemos, ao mesmo tempo, tomar consciência de nossa relação predatória com o mundo, com os outros e mesmo com Deus, e nos abrir à interrogação sobre o que pode satisfazer nosso desejo. Dessa forma, assim como a comensalidade e a cozinha, o jejum também é uma experiência favorável para "uma aprendizagem da conversão"[41].

De que tipo de conversão Tolentino está falando? Nosso autor nos lembra que a concepção bíblica do jejum não o vê como "uma simples desintoxicação da bulimia em que estamos mergulhados", mas sim como "um modo, ao mesmo tempo simbólico e real, de exprimir que o verdadeiro alimento da nossa vida é outro, está em outra parte"[42]. Para falar desse verdadeiro alimento que pode satisfazer nosso desejo, Tolentino recorre às reflexões de um frade dominicano português, o professor de literatura e semiótica José Augusto Mourão: "O que é desejado em nós não são tanto os objetos de que parecia termos necessidade, mas aquilo que subjaz ao fundo de que vivemos, o dom da vida"[43]. É o que diz também o monge Carlos Maria Antunes, em seu livro *Só o pobre se faz pão*:

---
40. MI, 72.
41. MI, 73.
42. MI, 73.
43. MI, 72-73.

O jejum deixa-nos indefesos, confrontados com a nossa nudez, libertando-nos da tirania das máscaras e expondo a pobreza radical que habita cada ser humano. Revela que a nossa fome não é só de pão e que o nosso desejo mais profundo é sempre desejo do outro. Ampliando o nosso espaço interior, transforma-se numa forma singular de hospitalidade, que permite o acolhimento de si mesmo e do outro, na sua mais genuína originalidade e verdade[44].

Ao longo desta viagem que é a vida, abrir espaço para a falta e a carência significa tomar uma decisão fundamental: "O viajante de costumes simples é aquele que tomou a decisão prévia de transportar consigo o essencial, deixando sempre na sua bagagem um espaço disponível"[45]. Nossa transformação pessoal, alcançada no encontro inédito e gratuito com os outros, só pode ocorrer nos espaços interiores livremente criados para que a vida continue a trilhar seu caminho de realização sempre surpreendente.

*　*　*

Com o auxílio de José Tolentino Mendonça, nas duas primeiras partes de nosso livro, lançamos alguma luz sobre nossa experiência humano-espiritual contemporânea, que está à espera de uma compreensão mais ampla, uma nova "gramática". Nossa relação com a comida – comer juntos, cozinhar e jejuar – mostrou-se uma metáfora inspiradora e uma via de acesso à tarefa intransferível de viver nossa vida pessoal em comunhão com os outros. Esse modo de ler nossos desafios

---
44. MI, 74.
45. MI, 75.

contemporâneos sob a perspectiva de uma construção "culinária" do humano não considera as crises como uma experiência de exceção, mas as reconhece como momentos e movimentos fundamentais no *processo livre e aberto de autotransformação* que é a vida de cada pessoa. A experiência atual de fragmentação parece estar ligada tanto a um excesso de estímulos quanto à dificuldade de assumir a integralidade de nossas vivências e desejos. O retorno aos sentidos corporais e a aprendizagem da amizade são dois simples e potentes aliados que nos conduzem a nos tornarmos presentes a nós mesmos e a restabelecermos um pacto santo com a realidade de nossas vidas. Para isso, as pessoas que creem podem ainda contar com a ajuda do Senhor, Aquele que "sabe pacientemente refazer as Alianças"[46]. Veremos, na próxima parte, de que maneira esse pacto com a vida e pela vida foi compreendido e vivido por um povo periférico do mundo mediterrâneo, o antigo Israel.

Gostaríamos de concluir esta parte de nosso itinerário com um depoimento belo e tocante. Em um de seus livros, Tolentino conta um evento que ele testemunhou em primeira mão. Em nossa opinião, esse relato é, por si só, uma verdadeira parábola que nos dá acesso ao coração pulsante de sua obra literária e teológica:

> Uma das referências que reencontro sempre em Roma, e que testemunha esse sentimento de que, apesar de todas as mudanças, a cidade continua igual, é um pedinte. Lembro-me dele há quantos anos! Era (e é) impossível não dar com ele: à saída da universidade, da biblioteca, do cinema, no Campo das Flores, em São Pedro, por todo lado. De dia

---

46. PNT, 16.

ou de noite. Um homem que deve ter hoje uns sessenta anos de idade, com uma presença discreta, delicada até. Aproxima-se dos passantes com duas perguntas: "Fala italiano?", atira primeiro. E, qualquer que seja a resposta, dá o passo seguinte. Pega cuidadosamente uma moeda entre dois dedos e coloca-a perto dos nossos olhos, rogando: "Tem cem liras?". Conheci-o assim. Quando se deu, mais tarde, a transição para o euro, passou a pedir dez centavos. Quando nos interpela pela primeira vez, pensamos que se trata de alguém que precisa completar a quantia necessária para um bilhete de metrô ou para uma fatia de pizza. Depois de o encontrarmos centenas de vezes, ficamos sem saber exatamente o que pensar. Presenciei, porém, uma cena que talvez esclareça parte do enigma. Numa rua, ao redor do Panteão, estava sentado um outro mendigo. Seria melhor dizer que estava prostrado. Com vestes esfarrapadas, um braço deformado por caroços, um ar que trazia misturado tudo: dor e exclusão. Ao longe, vejo o pedinte aproximar-se dele. E, para meu espanto, percebo que repete ao mendigo a lamúria que faz a todos os outros, mostrando-lhe insistentemente uma moeda. Talvez para afastá-lo, talvez vencido pela compaixão, vejo que o mendigo tira de seu prato uma moeda que lhe entrega. E é nesse momento que a cena se torna inesquecível. O pedinte ajoelha-se ali, diante de todos, agarra as mãos do mendigo e beija-as repetidamente, turbado pela emoção. Penso que finalmente o percebi. Ele não pedia moedas. Pedia um bem mais raro e vital: pedia o dom[47].

---

47. MI, 119-120.

PARTE TRÊS

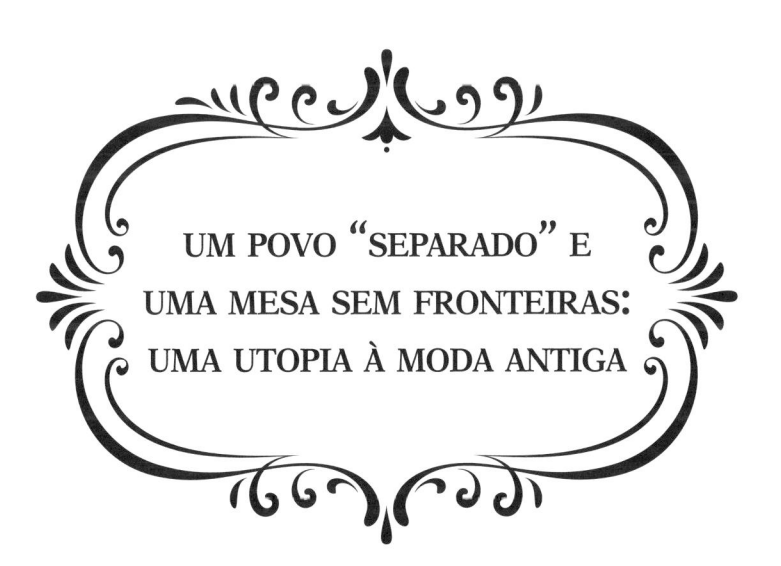

UM POVO "SEPARADO" E UMA MESA SEM FRONTEIRAS: UMA UTOPIA À MODA ANTIGA

5
Desvendar o gosto de um povo: entre doçuras e amarguras

A "construção" de uma nova humanidade, gestada em sociedades globalizadas, representa um desafio específico do nosso tempo, para o qual as respostas ainda não foram suficientemente mastigadas, digeridas, maturadas. Tolentino fez uma aposta importante: a melhor maneira de enfrentar esse desafio contemporâneo – existencial, espiritual e culinário – é voltar o olhar e prestar atenção à singularidade das pessoas, com suas crises, sonhos, dificuldades e soluções de vida.

No entanto, ninguém tem acesso *à humanidade* ou a um movimento *mundial* sem uma relação muito concreta com *parte* dessa humanidade e desse mundo: uma "multidão" com quem compartilhamos uma linguagem, uma história, valores, utopias, fracassos – em suma, um horizonte de sentido. Uma vez que nossa reflexão busca colaborar na construção de uma comunidade humana em que haja espaço para uma pluralidade de práticas socioculturais, políticas e espirituais, a partir da sabedoria da fé cristã, devemos também examinar algumas das narrativas fundadoras que moldaram o modo como as sociedades ocidentais vivem e leem o mundo: as Escrituras Santas de um pequeno povo do Mediterrâneo.

Neste novo passo que daremos juntos, vamos revisitar o modo como as Escrituras descrevem a ligação entre a constituição dramática de uma "multidão" específica – o antigo Israel – e o mistério de Deus. Juntamente com Tolentino, retomando as experiências mais cotidianas e sensoriais da vida, examinaremos algumas passagens reveladoras do modo de relação que o povo bíblico estabeleceu com a comida e, à luz dela, com o mundo e com seu Deus. Em seguida, analisaremos o papel que a experiência de uma amizade cada vez mais ampla desempenhou na integração dos diferentes polos da vida dos membros do povo de Israel. Por fim, essas duas abordagens nos ajudarão a apresentar uma leitura "gastronômica" dos relatos bíblicos da criação, nos quais se desvela a relação do antigo Israel com o que sempre é encontrado e enfrentado no "princípio" de cada vida única. Mergulhemos, então, na "cozinha" do mundo bíblico.

A Bíblia, entre palavra e escrita: um objeto de devoração?

Como na formação de qualquer povo, o povo da Bíblia teve de se confrontar com as muitas tradições do antigo mundo conhecido. A exegese bíblica é testemunha desse fato:

> Um dos dados que hoje temos por adquirido no estudo das Escrituras é que elas constituem um ponto de diálogo e confluência de tradições mais vastas que as fronteiras de Israel ou da Igreja. Há uma espécie de patrimônio comum que circula, um lato repertório de mitos, metáforas e crenças,

que encontramos assimilados, com as nuances respectivas, em tradições religiosas e culturais diversas. As grandes narrativas não têm autores, têm contadores. A carga de originalidade é fornecida por quem conta, onde conta e com que finalidade[1].

A maneira pela qual um "contador de histórias" organiza, de acordo com o lugar e a finalidade, o patrimônio que compartilha com outras pessoas e comunidades manifesta algo de sua identidade singular. Mas como podemos identificar o que torna uma pessoa e um povo singulares? Na Bíblia, a identidade desse povo que conta sua história nunca é dada de uma só vez. A pluralidade de elementos não se encontra apenas no lado das tradições compartilhadas com outros povos: como já vimos, qualquer pessoa que se aproxime das Escrituras judaicas e cristãs também é confrontada com a pluralidade literária interna ao mundo bíblico. Além dessa diversidade interna e externa aos livros da Bíblia, há também a pluralidade dos "sentidos" que eles produzem. A exegese antiga já havia honrado, à sua maneira, essa riqueza surpreendente e provocadora das Escrituras Santas:

> Os medievais falam de uma pluralidade de sentidos, precisamente para avisar que não há aqui vias rápidas e linhas retas, há o demorado cortejo, há relação, há correspondências. A Bíblia desdobra-se em plurais, numa porosidade revelatória, inesgotável e densa. O impulsivo e inacabado encontro amoroso constitui metáfora recorrente para designar a dramática da sua leitura. Leitura que nos faz desaguar no silêncio[2].

---

1. LI, 88.
2. LI, 280.

Referindo-se à história do chamado de Moisés – uma das experiências dramáticas fundantes da história contada por Israel –, nosso biblista utiliza uma imagem para falar do *estilo bíblico*: "À maneira da sarça que arde e não se consome"[3] (cf. Ex 3,1-6). Diante de um ser vivo que queima sem ser consumido, Moisés, curioso, aproximou-se. As consequências dessa aproximação, de acordo com a narrativa, mudaram sua história pessoal e o futuro de seu povo. E se essa atração de Moisés pela manifestação de um fogo que desperta o ardor sem consumir um ser vivente fosse entendida como o coração da utopia e da fé que perpassam toda a história de Israel?[4]

Nos dias de hoje, temos acesso ao mundo bíblico principalmente por meio da leitura. Mas, é bom lembrar, esse nem sempre foi o caso. Para refletir de um jeito novo sobre as narrativas da relação do Israel antigo com seu Deus e com o mundo, precisamos trazer à memória uma grande crise na composição de seus livros sagrados. Foram duas transformações decisivas e difíceis na história literária desse povo: a *passagem* da tradição oral para a escrita e a *passagem* da língua hebraica para a grega. Essas duas transformações estão na raiz do nome mais conhecido da obra que estamos estudando aqui:

> Foi a partir duma tradução, realizada na Alexandria helenística dos III e II séculos a.C. (denominada como tradução grega dos LXX ou Septuaginta), que o *corpus* bíblico passou a ser chamado *ta biblia* ("os livros"). Antes disso, não tinha

---

3. LI, 281.
4. Com algumas adaptações, o conteúdo apresentado neste capítulo foi, anteriormente, publicado na revista *Ingesta*, da Universidade de São Paulo (USP). Ver: ADÃO, F. S., Da "devoração" à hospitalidade. Uma narrativa alimentar à moda antiga, *Revista Ingesta*, 1 (2019), 283-296.

propriamente um nome. Diz o Talmud que os anjos choraram nesse dia. Porém, a escrita conferiu à Palavra um caráter radicalmente histórico que ela antes não tinha⁵.

Esse tipo de transformação envolve necessariamente perdas e "mortes" – daí a referência do Talmud ao choro dos anjos. Ao mesmo tempo, algo novo se tornou possível: a materialização histórica de uma Palavra recebida e confessada como transcendente. Como resultado, o acesso dos membros do povo a essa Palavra pôde ser gradualmente ampliado. Já no Israel antigo, vemos o surgimento de uma curiosa relação entre a palavra dos profetas e o rolo no qual a Palavra do Senhor foi redigida. Vemos isso, por exemplo, em uma passagem da profecia de Ezequiel:

> [O Senhor] me disse: "Filho do homem, come o que tens aí, como esse rolo, e vai falar à casa de Israel". Eu abri a boca e ele me fez comer o rolo, dizendo: "Filho do homem, alimenta teu ventre e sacia tuas entranhas com este rolo que te dou". Eu o comi, e era doce como o mel em minha boca. Ele me disse: "Filho do homem, vai! Dirige-te à casa de Israel e fala-lhes com minhas palavras..."⁶.

Levando a sério a força desse símbolo profético, assumido mais tarde pela tradição apocalíptica, Tolentino considera

---

5. LI, 14. O Talmud (ou Talmude) é um texto judaico que reúne comentários rabínicos sobre a Lei e as narrativas contidas na Torá.
6. Ezequiel 3,1-4. Vemos uma passagem semelhante no livro do Apocalipse, já no Novo Testamento, com uma clara diferenciação entre doçura e amargura: "Eu fui até o anjo e pedi que me entregasse o livrinho. Ele me falou: 'Pega e devora. Será amargo no estômago, mas na tua boca será doce como mel'" (Ap 10,9).

que, "entre o ler e o comer, a Bíblia sugere uma afinidade que não se fica pela metáfora"[7]. A Bíblia é contada por meio de sabores, abrindo aos seus leitores e leitoras a possibilidade de uma "leitura devorante". Portanto, a "devoração" não é um tema ausente do mundo bíblico nem uma prática distante da relação que podemos ter com os outros e suas palavras. O texto bíblico seria, então, uma provocação à voracidade humana? Ou, ao contrário, ele seria uma testemunha da progressiva lucidez diante dos elementos – felizes e dramáticos – que entram em jogo no desenvolvimento da vida de uma pessoa, em relação com o mistério do mundo e o mistério de Deus? A noção judaico-cristã de Revelação argumentaria em favor de uma resposta positiva a essa segunda pergunta.

Para dar acesso à relação entre o Israel antigo e seus textos fundadores, Tolentino convida a leitora e o leitor a ousar estabelecer uma relação sensível e gustativa com eles:

> Literalmente, a Bíblia é para comer. É odorosa, recôndita, vasta com a mesa celeste, íntima como a mesa materna, grata ao paladar, engenhosa, profusa, profícua. Descreve os copiosos bosques profanos e as ofertas alimentares sagradas, recria ascéticos desertos e o deleite dos palácios, conta com a esporádica caça e os pastos cevados, com as comidas quase triviais do caminho e os banquetes há muito anunciados. Não é insólito que se olhe atentamente para a cozinha da Bíblia. Ou que se arrisque dela uma tradução, uma transposição, não de vocábulos, mas de sabores[8].

---

7. LI, 145.
8. MI, 64.

Tenhamos em mente esse convite para traduzir e transpor esses *sabores* bíblicos para o nosso próprio tempo. Para fazer isso, Tolentino propõe um ato de leitura sensorial, "estético": um tipo de encontro que provoca e convoca todos os sentidos de nosso corpo. Vamos, então, ler e saborear com ele algumas passagens da história literária e religiosa do antigo Israel.

O maná e o banquete: aprender os tempos da comensalidade

Como sabemos, as Escrituras Santas são abertas por um conjunto de cinco livros postos sob a autoridade de Moisés, chamado Pentateuco ou Torá. Esse complexo de peripécias pessoais e coletivas, narrativas religiosas fundadoras e normas institucionais e jurídicas é ritmado por referências alimentares. Tolentino nos ajuda a relembrar certas passagens já presentes no imaginário compartilhado por judeus e cristãos:

> Não podemos esquecer que o primeiro mandato que Deus estabeleceu para Adão e Eva, no relato do jardim, foi de categoria alimentar ("Podes comer de todas as árvores do jardim. Mas da árvore do conhecimento do bem e do mal não comerás, porque no dia em que dela comeres terás de morrer", Gn 2,16.17); que a terra prometida é sobretudo definida em termos de seus recursos alimentares, terra onde "corre leite e mel" (Dt 6,3; 8,8; 11,9; 26,9-10.15; 27,3; 31,20; 32,13-14); que o objetivo da grande marcha de Moisés com o povo, do Mar Vermelho ao rio Jordão, é "comer e regozijar-se" diante do Senhor Deus (Dt 27,7). A consumação do Êxodo expressa-se numa idealização da comensalidade,

no país que o Senhor escolheu, uma comensalidade celebrada na abundância dos frutos da colheita e na solidariedade entre todos os membros do povo, estendendo-se mesmo até às suas fronteiras: "Virá então [à tua porta] o levita, o estrangeiro, o órfão e a viúva que vivem nas tuas cidades, e eles comerão e se saciarão" (Dt 14,29)[9].

Este breve resumo nos ajuda a situar a relação do antigo Israel com os alimentos, em um jogo complexo entre necessidades, dons, mandamentos, promessas e utopias. Ao mesmo tempo, outro jogo de relações aparece em filigrana: a relação com a natureza, com um território, com o Senhor Deus e com outras pessoas, sejam elas concidadãs ou estrangeiras. Esse conjunto de elementos estará presente na maioria das narrativas, mas a ênfase mudará de acordo com o contexto e a finalidade, como vimos acima. Nas Escrituras, duas figuras alimentares paradigmáticas convocam todos esses elementos, revelando as nuances dos sabores – às vezes doces, às vezes amargos – produzidos nesse jogo de relações: trata-se do maná e do banquete.

Os textos sobre o maná contam uma lembrança importante do povo de Israel: fala-se de um alimento singular que nutriu seus antepassados durante a travessia do deserto, entre o lugar da escravidão e a terra da promessa. Mas é a lembrança de um alimento recebido no coração de uma crise, depois que o povo murmurou contra Moisés e o Senhor (cf. Ex 16,2-3), quando a fome deu lugar à nostalgia do alimento do tempo da servidão. A expressão "maná" não é um nome propriamente dito. É, na verdade, a transcrição de uma simples pergunta

---

9. LI, 163.

feita em hebraico: "O que é isto?" ("*Man hu?*"). Portanto, é um termo que se refere a uma interrogação[10].

Tolentino convida sua leitora e seu leitor a acompanhar os *deslocamentos* realizados na descrição literária desse alimento: "A primeira descrição gastronômica do maná, no livro de Êxodo (capítulo 16), é muito genérica: vem simplesmente apresentado como 'pão'"[11]. Mais precisamente: "Isto é o pão que o Senhor vos dá de comer" (Ex 16,15). O objetivo desta passagem é claramente declarado: trata-se de um elemento reconhecido como alimento, recebido e nomeado como um dom do Senhor. Nosso autor chama nossa atenção para o significado do caráter provisório e cotidiano desse alimento: "Quando caminhamos, não podemos ir com demasiados pesos, senão não chegamos longe. O viajante ou o peregrino têm de aceitar fazer a experiência de viver daquilo que é de cada dia. Isso é que é viver de Deus"[12].

A história literária de Israel continua a seguir seu caminho. Nessa mesma seção bíblica, o livro dos Números relata esse episódio da história dos antepassados com um pouco mais de detalhes:

> O maná era parecido com a semente do coentro e amarelado como resina. O povo se dispersava para o recolher e o moía num moinho ou socava-o num pilão. Depois, cozinhavam-no em panelas e faziam broas, e seu gosto era como o de bolo regado a azeite[13].

---

10. A transmissão da capacidade de se interrogar é um dos pontos de atenção de Tolentino, como podemos ver no título de sua obra *O pequeno caminho das grandes perguntas*, Lisboa, Quetzal, 2017.
11. MI, 65.
12. PNT, 105.
13. Números 11,7-8. Cf. MI, 65.

Nesta passagem, podemos identificar um jogo de semelhanças e um processo culinário que permitiram dar a esse "O que é isto?" um nome bem conhecido: é pão! Mais tarde, o mesmo livro não hesitará em mencionar a insatisfação e o desgosto dos filhos de Israel diante de uma alimentação demasiado simples e repetitiva, denunciada em um determinado momento como "alimento miserável" (cf. Nm 21,5). Uma vez que a sobrevivência foi garantida, surgiu outro tipo de "fome", e uma nova crise se instaurou.

Se avançarmos um pouco mais na história literária de Israel, veremos a forma como os escritos sapienciais narram esse mesmo episódio: o maná é revestido de uma força simbólica capaz de expressar a excelência dos dons recebidos de Deus[14]. É o caso, por exemplo, do livro da Sabedoria, que apresenta o que Tolentino considera o ápice da construção analógica entre o maná e o dom de Deus: "Nutriste o teu povo com um alimento de anjos; de graça lhes enviaste, do céu, um pão já preparado, contendo em si todo sabor e satisfazendo a todos os gostos" (Sb 16,20).

Aqui temos a ideia de um alimento excelente "já preparado". Mas a releitura desse episódio pelo livro da Sabedoria acrescenta aos relatos anteriores um elemento bem curioso: esse alimento espiritual – "de anjos" – é capaz de, ao mesmo tempo, conter todo sabor e satisfazer a uma diversidade de gostos. É assim que o autor bíblico explica "o prodigioso funcionamento que fazia do modestíssimo maná um 'pão de mil sabores': 'Este alimento [...] acomodava-se ao gosto de quem o comia e transformava-se segundo o desejo de cada um' (Sb 16,21)"[15].

---

14. Cf. MI, 65.
15. MI, 65.

O livro da Sabedoria vê – e tenta ajudar a ver – outro dom: o dom louvado aqui não é mais aquele que permite a sobrevivência, nem aquele que é tecnicamente preparado e compartilhado com os outros, mas é um dom com uma imensa flexibilidade e com uma surpreendente capacidade de se adaptar à subjetividade do corpo e do desejo de cada pessoa. Essa *irrupção da personalização* no coração da comensalidade faz eco à outra figura da utopia alimentar de Israel: o banquete.

Como vimos anteriormente, a promessa do banquete já aparece na Torá, particularmente na releitura do dom da Lei, no Deuteronômio (cf., p. ex., Dt 14,29). O cumprimento da promessa de Deus a Israel deveria ser representado por essa mesa onde todos encontrariam seu lugar – seja homem ou mulher, rico ou pobre, ancião ou jovem, concidadão ou estrangeiro. Esse pequeno povo, libertado da escravidão e instalado em um novo território, toma consciência de sua vocação à universalidade: uma universalidade que é alcançada por meio da hospitalidade alimentar.

Na literatura profética, esse paradigma, associado ao anúncio dos tempos messiânicos, ganha força e se torna ainda mais radical. O banquete se torna o símbolo da pacificação espiritual e cósmica esperada por Israel: "A presença implícita do Messias faz irromper, por entre naufrágios e dilacerações da história, a plenitude do encontro de salvação com Deus, como uma irreversível pacificação"[16]. Mas, quando esse banquete universal passa a ser anunciado para o futuro, ele também se torna uma crítica do tempo presente. Os próprios profetas denunciam o doloroso afastamento de Israel de seu ideal:

---

16. LI, 164.

No plano da práxis, porém, este ideal bíblico não passou, muitas vezes, disso mesmo, de um ideal. Pois a realidade é que a comensalidade servia para reforçar e impermeabilizar identidades e posturas, enfatizando linhas de divisão, consolidando mecanismos de ruptura no tecido social e religioso[17].

Essa exclusão institucionalizada afetava principalmente os pagãos, os pobres e as pessoas consideradas impuras (pecadores públicos, pessoas envolvidas em trabalhos desprezíveis e, em algumas circunstâncias, as mulheres). De acordo com Tolentino, "a delimitação da comensalidade funcionava como 'uma barreira'" contra esses grupos de pessoas, para "com a sua exclusão garantir preservadas a piedade e a justiça"[18]. Assim, até a destruição do Templo, no ano 70 d.C., a prática da comensalidade no judaísmo antigo, afastando-se de seu ideal de universalidade, tornou-se um poderoso sistema de busca da pureza:

> O princípio de estruturação era bem claro: a santidade ou a pureza ritual dependiam da relação com o templo, relação direta para a classe sacerdotal e mediada para os diversos grupos laicais. Mesmo os essênios, que tinham entrado em ruptura com o poder vigente do Templo, assumiam um austero modo de vida que mimetizava toda a ideologia e prática sacerdotais[19].

---

17. LI, 164. Tolentino faz referência, aqui, à crítica do profeta Amós (Am 6,4-6): "Eles estão deitados em leitos de marfim, estendidos em seus divãs, comem cordeiros do rebanho e novilhos do curral, improvisam ao som da harpa, como David, inventam para si instrumentos de música, bebem crateras de vinho, ungem-se com o melhor dos óleos, mas não se preocupam com a ruína de José". Cf. NCL, 93.
18. LI, 164.
19. LI, 151.

A cozinha e a mesa passaram a ser "lugares preferenciais para estender a pureza ritual fora do templo"[20]. Estabelecer esses padrões de pureza não era simplesmente uma questão de organizar a higiene. Acima de tudo, significava "o estabelecimento de uma fronteira (religiosa, moral...) nítida entre a ordem e a desordem, o ser e o não ser, a forma e a ausência dela, a vida e a morte"[21]. O que se tentava evitar e contornar, a todo custo, era o segundo termo de cada um desses binômios.

Esses poucos exemplos relativos ao maná e ao banquete nos ajudam a identificar alguns dos núcleos existenciais e comunitários da experiência do Israel antigo. O maná recebeu diferentes interpretações, de acordo com as necessidades, possibilidades e desejos do povo ao longo de sua história. É um alimento novo, um dom emergencial para a sobrevivência; graças ao refinamento do trabalho humano, ele pode ajudar a tornar presentes alguns sabores familiares e apreciados; ele pode ser a promessa inédita de um dom que se adapta aos gostos de cada pessoa. Mas ele também carrega a incômoda memória das murmurações e da ingratidão do povo para com Moisés e o Senhor: uma tensão entre o justo desejo de uma vida mais livre e feliz e a impaciência diante das repetições e das adversidades do caminho para chegar à liberdade e à felicidade compartilhada.

Por sua vez, o paradigma do banquete revela a espera de uma pacificação universal, enraizada na história. O banquete na terra prometida pretendia ser o sinal visível de uma comensalidade que respeita e integra todas as diferenças presentes na comunidade de Israel e além de suas fronteiras. Essa comensalidade,

---
20. LI, 151.
21. LI, 151-152.

lida em chave espiritual, teria tido a virtude de construir, reforçar e ampliar progressivamente a unidade desse povo-sinal, que se entende como um povo "separado", posto à parte pelo Senhor. No entanto, esse mesmo paradigma também carrega uma dimensão crítica. Ele denuncia as forças de exclusão que se manifestam no interior da própria comensalidade. Ela não é somente uma promotora de unidade: a mesa também pode criar e aumentar as fraturas sociais em uma comunidade humana. Assim, esses dois paradigmas alimentares mostram que conciliar a singularidade dos membros de um povo com sua vocação à universalidade não é uma tarefa evidente[22].

Será que a relação com a comida poderia desvelar uma força capaz de conciliar e unificar a multiplicidade de desejos que atuam no coração de uma pessoa e na constituição de um corpo social? Em seus discursos, projetos e práticas alimentares, cada pessoa e cada povo são confrontados com um *patrimônio comum de união e divisão*. Outra porta de entrada significativa para esse patrimônio pode ser encontrada na gratuidade das festividades religiosas, nas quais a relação de um grupo humano com a vida e a fé é condensada, ritualizada e simbolizada. Um exame da organização de certas festividades do antigo Israel nos ajudará a ampliar nossa visão da autocompreensão desse povo, de seu enraizamento social e de sua capacidade de integrar em sua narrativa e em suas celebrações

---

22. O Talmude reconhece essa mesma variação dos desejos e essa ambivalência entre união e divisão relativa à alimentação. Mas ele não os situa somente no seio de um corpo social. É a própria intimidade de cada ser humano que está em jogo: "Um versículo do Talmude afirma: 'Antes de comer, o homem tem duas almas. Depois de comer, o homem tem uma alma'. Antes de comer, estamos separados, habitam-nos desejos diferentes, fazemos a experiência da divisão. Depois de comer, o homem redefine-se, reencontra-se, confia". MI, 70.

tanto suas esperas e desejos quanto o drama do fracasso de seus projetos históricos.

Do templo às casas: a convergência entre mesa e palavra

Nossa alimentação e nossa vida em sociedade são sempre marcadas por uma diferença qualitativa entre o tempo rotineiro e os tempos festivos. As festividades estão ligadas a datas que, muitas vezes, carregam uma forte carga simbólica. Quais eram as circunstâncias da vida ordinária em torno das quais o Israel antigo organizava suas festividades e assembleias litúrgicas? De acordo com Tolentino, provavelmente as leitoras e leitores contemporâneos dos textos bíblicos se surpreenderão com uma descoberta: "As grandes festas que estruturam, por séculos, a vida do Israel antigo eram, afinal, simples eventos do ciclo agrário, lidos e organizados em chave religiosa"[23].

O que está em jogo nessas festas é a passagem de um ciclo para outro: primeiro, aquele diretamente ligado à natureza trabalhada pela humanidade (produção agrícola) e, pouco a pouco, o da vida interior, em conexão com os outros. Essa dimensão cíclica estava claramente presente em duas grandes festividades de Israel, uma organizada em relação à outra: a Festa dos Ázimos e a Festa da Colheita. Essas festividades manifestavam, com ênfases diferentes, essa relação múltipla entre o mundo da natureza, o mundo dos seres humanos e o mundo divino.

A primeira – a Festa dos Ázimos – era organizada em torno das primeiras espigas de trigo colhidas. Essas espigas davam

---
23. LI, 168.

origem somente a um pão "ainda muito elementar, cozido sem qualquer fermento de anteriores colheitas"[24]. O produto oferecido ao Senhor e comido pelo povo era o fruto das primícias da colheita; porém era também o fruto de outro trabalho humano: a preparação de um pão possível com os rudimentos dessas primeiras espigas. Então, o que esse pão da Festa dos Ázimos representa? Nosso biblista o interpreta da seguinte forma:

> Pão ainda sem a plenitude do seu sabor, mas já sinal de um outro sabor. Pão da ruptura que, na sua imperfeição, exorcizava o fantasma de todas as faltas que ameaçam a vida. Pão saudado, agradecido, ofertado (devolvido?) a Deus, não na pobreza da sua materialidade, mas na sua eloquente força de promessa[25].

Esse pão é, portanto, necessariamente um pão pobre e, justamente graças a isso, é também um pão da promessa. Ele era a expressão da espera de outra grande festividade – a Festa da Colheita –, reconhecendo nela sua consumação. Ao fim do tempo da colheita, as pessoas podiam oferecer e comer "os pães já completos, fermentados, que celebravam a consumação, a plenitude, vocábulos que deixamos de usar para falar de nós mesmos"[26]. Essa grande festa de ação de graças só pode ser compreendida adequadamente em relação com a primeira:

> Esta oblação excepcional sublinha o caráter agrícola desta festa e a sua relação estreita com a dos Ázimos: no início da colheita, comia-se pães sem fermento para utilizar só o que

---
24. LI, 168.
25. LI, 168.
26. LI, 168.

era novo, em sinal de renovação. No fim da colheita, oferecia-se pão levedado, significando que estavam reunidas todas as condições possibilitadoras da vida: o trabalho da ceifa estava terminado, a subsistência estava garantida. Dava-se então graças[27].

Ao longo da história de Israel, essas festas foram gradualmente enriquecidas com outros significados, e outras lembranças foram integradas a elas. A Festa dos Ázimos também se tornou a Festa da Páscoa, comemorando a libertação da escravidão no Egito. A Festa da Colheita, por sua vez, também se tornou a Festa de Pentecostes, comemorando o dom da Lei, essa Palavra-ação que permitiu a constituição de um povo livre e consagrado ao Senhor. Essa associação entre uma dimensão universal – agrária e alimentar – e uma dimensão singular – a história e a fé compartilhadas por um povo – funda e nutre a identidade de Israel como um "povo separado" pelo Senhor.

Ao refletir sobre a associação da colheita e da Lei em uma mesma festividade, Tolentino aponta para uma tensão entre duas dimensões da vida que são aparentemente opostas ou até mesmo irreconciliáveis: "De um lado temos um acontecimento cíclico, repetitivo, precário. De outro, do lado da Lei, parece que temos o fixo, o declarado, o absoluto"[28]. Para falar da especificidade da relação de Israel com essa tensão, nosso autor recorre às reflexões do exegeta francês Paul Beauchamp. Ele o cita:

> A Lei é delegação, o presente para o futuro. Vem inscrita num livro, quer dizer, anuncia-se em função da ausência do

---

27. LI, 171.
28. LI, 173.

legislador. O Sinai converte-se desde este momento numa etapa e anuncia outro Sinai, outra morada de Deus, outro santuário. [...] A Lei não é visão, mas palavra intermediária entre a visão e o discurso, palavra situada no tempo da história. [...] Agora há a palavra, isto é, a Lei, porque a visão não é de todos, mas a visão deverá tornar-se comum quando todos forem profetas segundo a perspectiva evocada no livro os Números (Nm 11,24-30) e em Joel (3,1s)[29].

Essas duas referências bíblicas – uma da Torá e a outra da seção profética – expressam um desejo, uma esperança, uma espera de Israel: que a visão, a palavra e o espírito recebidos por um membro do povo sejam dados a muitos, ou mesmo a todos. A celebração da Lei no momento da Festa da Colheita não elimina a dimensão da repetição que é própria da terra e do trabalho da humanidade. Entretanto, essa celebração anuncia que a repetição está aberta à irrupção de uma liberdade capaz de amar o provisório e de conduzir a comunhão à sua plena realização: uma plenitude que, embora ainda ausente, já pode ser ativamente acreditada e esperada.

Além da dimensão agrícola e da integração de eventos da história religiosa de Israel, um terceiro elemento foi adicionado às grandes festividades de Israel: essas festas eram a ocasião para peregrinações (*hâg*). Tolentino vê nessa maneira de organizar as festividades um "esforço em centralizar o culto, estratégia a que alguns monarcas recorreram para favorecer a

---

29. LI, 173-174. O texto do livro dos Números faz referência à partilha do espírito de Moisés a setenta anciãos do povo. O texto da profecia de Joel diz respeito aos tempos messiânicos, quando todos haveriam de receber o Espírito do Senhor.

unidade religiosa e política das tribos"[30]. Essa relação entre a produção agrícola altamente localizada, uma manifestação religiosa compartilhada e um desejo político de unificar uma sociedade não é, evidentemente, uma particularidade de Israel: isso também era comum entre os outros povos da Antiguidade. Mas a estratégia política de unificação de um povo não esgota o significado de uma peregrinação. Os peregrinos também passavam por um forte processo de transformação interior, que estava além do escopo de qualquer planejamento político. Sobre esse assunto, Tolentino cita o ensaísta francês François-Bernard Huyghe:

> Partícula neste grande movimento que o ultrapassa, o peregrino sofre ao mesmo tempo uma transformação quando completa o seu itinerário pessoal. Ele pode esperar a cura de uma doença ou a remissão de uma falta, uma purificação, uma morte mística e um renascimento simbólico, mas, em todos estes casos, ele terminará a sua peregrinação diferentemente do que quando começou. Regenerado por uma viagem que é necessariamente iniciática, despojado do homem velho, ele celebra esta regeneração na explosão de alegria das festas e celebrações que marcam o fim de um ciclo[31].

Como na interrogação em torno do maná, essas grandes festas religiosas mantêm viva a memória de vários estágios da história do povo, destacando os diferentes níveis do relacionamento de Israel com o mundo e com seu Senhor: as necessidades concretas de subsistência, a história e o saber compartilhados

---

30. LI, 169.
31. LI, 169.

com uma comunidade e a experiência pessoal dos membros de um povo. Como no ideal do banquete universal, ao celebrar a passagem do pão pobre para o pão da promessa, Israel também aguarda o momento em que aquilo que foi dado a alguns membros do povo – o espírito, a visão e a palavra da profecia – será compartilhado amplamente com uma multidão. A Lei foi dada para sustentar essa espera e para preservar o patrimônio comum desse povo.

Como vimos, o Templo das festas e dos sacrifícios também se tornou um local de confirmação identitária, com uma definição cada vez mais clara das fronteiras entre quem podia – e quem não podia! – participar desse "banquete" festivo. Um grupo formado no período de transição entre o que os cristãos chamam de Antigo e Novo Testamento (por volta do século II a.c.) disseminou essa mesma lógica entre o povo: trata-se dos fariseus. O nome dado aos membros desse movimento assumiu e isolou uma característica fundamental da identidade coletiva de Israel: etimologicamente, o termo fariseu significa "separado", "posto à parte"[32].

Para as pessoas associadas a esse partido – "tanto representantes dos extratos intelectuais como das classes humildes do povo"[33] –, a mesa se tornou um lugar onde sua compreensão dessa separação se torna visível: todos os pecadores e pagãos são excluídos dessa mesa, evitando assim o risco de exposição à impureza. Esse grupo leigo procurou reproduzir, em suas refeições domésticas, "o modelo de pureza ritual do sacerdote no exercício das ações sacras"[34]. Foi assim que, de um modo

---

32. Cf. CJ, 37.
33. CJ, 17.
34. LI, 165. Outra interpretação, proposta por Jacob Neusner, um exegeta norte-americano especialista em judaísmo, é também curiosa: "Perante

semelhante ao Templo, as mesas domésticas se tornaram um espelho das forças de união e divisão que estavam em ação nas entranhas do povo de Israel.

A mesa e a teologia de Israel colocam em evidência uma tensão existente no centro da existência humana, tanto pessoal quanto coletiva. Como podemos conciliar a consciência de sermos "separados" – ou seja, sermos únicos e singulares – com o desejo de abolir as fronteiras – para avançarmos em direção a uma comunhão e alegria mais amplas? Como não esquecer a dependência radical de nossas vidas em relação aos outros, diferentes de nós? Como podemos rejeitar um jeito opressor de relação, a fim de escolher a transmissão de quem somos?

As Escrituras Santas sugerem algumas respostas a estas perguntas, com base em uma experiência humano-divina que está no centro da vida e da fé dos membros do povo de Israel: a amizade.

---

a verdadeira avalanche de diretivas, requisitórios e minudências com que rodeiam o comer em comum, Neusner pergunta-se se não deveríamos considerar os fariseus um clube gastronômico que tinha por finalidade a salvaguarda do sentido das refeições". LI, 151.

6
A construção da reciprocidade: passos da amizade humano-divina

Para a fé bíblica, a identidade do povo de Israel foi formada e amadurecida em uma relação com seu Deus; uma relação que "não é uma gaiola, mas abertura para uma amplidão sempre maior"[1]. Esse espaço livremente aberto no interior dessa relação tem a intenção de dar lugar a uma corrente de amizades até abraçar o conjunto da criação. Tolentino reconhece a expressão dessa experiência em um poema de Edith Södergran:

> E Deus está presente em tudo.
> Sem esperar, a anciã encontrou o seu gato
> junto ao poço e o gato, a sua dona.
> Grande foi a alegria de ambos
> e maior ainda quando Deus os deixou juntos
> e lhes desejou esta maravilhosa amizade
> que durou catorze anos[2].

---
1. NCL, 19.
2. NCL, 20.

Uma releitura dos textos de Israel a partir do paradigma da amizade pode nos ajudar a compreender, de um jeito novo, a riqueza dos recursos da fé desse povo: trata-se de um caminho histórico que torna possível essa lenta passagem de uma relação baseada no interesse autocentrado de uma pessoa ou de um pequeno grupo para uma relação fundada na transmissão do dom de si e na alegria da partilha. Vejamos algumas ilustrações dessa *passagem*.

No coração da Torá de Moisés: a fé como abertura ao novo

Os textos fundadores da fé de Israel estão reunidos nos livros da Torá de Moisés. Neles, a constituição de um povo livre é apresentada à luz da relação entre o Senhor e esse homem. É curioso que o diálogo que dá início à conversa entre os dois tenha começado justamente com a revelação de um olhar – um olhar voltado para o sofrimento: "Eu vi a miséria do meu povo" (Ex 3,7). Sobre a aventura que está prestes a começar, Tolentino afirma:

> O ponto de partida é este "Eu vi". Deus não fecha os seus olhos, não os afasta de nós, em tempo algum. Precisamos ganhar confiança neste olhar de Deus. O princípio da nossa libertação é porque Deus vê. Deus vê, e este olhar representa infalivelmente para nós a possibilidade de vida, de relação, de aliança[3].

---

3. MI, 130.

Os livros da Torá (especialmente o Êxodo) usam duas imagens para descrever o modo de intercâmbio que acontece entre Deus e Moisés. Por um lado, eles falam de um encontro face a face, um diálogo entre amigos (cf. Ex 33,11), o que também sugere um caminho espiritual para a leitora e o leitor do texto bíblico: "Precisamos de chegar a essa fluidez de relação e sentir que há um 'tu a tu', rostos que se enfrentam, coração diante de coração. Esta proximidade não fere a transcendência de Deus"[4]. Por outro lado, eles falam da presença de Deus diante de Moisés como uma "passagem" (cf. Ex 33,17-23), um movimento contrário ao de uma exigência dominadora sobre o outro: "A amizade é um passar. Deus passa a sua beleza diante de Moisés e Moisés vê uma parte: aquilo que pode ver"[5].

O dom da Lei pode ser mais bem compreendido à luz dessa construção de uma relação livre entre amigos que passam um diante do outro. É um caminho capaz de expressar e estender essa experiência a um conjunto mais amplo:

> De fato, a revelação de Deus não é apenas a lei que se pode escrever numa pedra e aí permanece codificada. E também uma escrita interior, uma vivência, um afeto que nos atravessa, um acolhimento mútuo, uma intimidade. A experiência de Deus, antes de ser uma experiência normativa, é uma experiência mística. E a norma tem de expressar e servir esse acontecimento maior que é a amizade, traduzida em aliança, e no permanecer, sem tempo, frente a frente, "como um homem fala com o seu amigo"[6].

---

4. NCL, 21.
5. NCL, 21.
6. NCL, 29.

Dito isso, a Torá não apresenta Moisés como o iniciador desse tipo de relação com o Senhor. O nascimento da fé de Israel é contado em conexão com a relação de amizade de outro homem com seu Deus: Abraão. Na narrativa da história de Abraão, abre-se um novo entendimento da relação da humanidade com Deus e com o mundo. Partindo do vocabulário da fé, gradualmente nos movemos "à expressividade original de uma fala, de um modo tão intensamente pessoal que possa servir não à tentação inútil da cópia, mas à paixão de um outro caminho que seja, na sua configuração mais profunda, o mesmo, o único caminho"[7]. Aqui vemos o surgimento de uma relação que rejeita a "cópia" para dar espaço à singularidade dos dois amigos que trilham juntos o mesmo caminho.

Ao abandonar a tendência à repetição e à confiança somente naquilo que já é conhecido, a fé de Abraão está longe de ser uma confirmação de qualquer tipo de estabilidade, seja geográfica ou identitária. Ela aparece como um desafio a sair de seu contexto, a deixar para trás a segurança do que já é possuído, a fim de assumir a aventura de uma vida mais plena com seu Deus:

> Chamado por Deus (Gn 12,1) nesta História, Abraão vai experimentar essa palavra como desafio inesperado à descontextualização. Quando Deus toma a iniciativa, aquele homem rompe não apenas com o cenário geográfico e familiar que apoiava a sua vida, mas com o sentido disso: a segurança de uma cidadania, de um reconhecimento parental, de uma pertença. A Fé começa por ser desafio a desenlaçarmo-nos da resolução individual ou pretensamente

---
7. LI, 105.

definitiva da nossa existência e nos abrirmos ao impacto da alteridade de Deus[8].

Compreender a promessa vinculada a essa aventura requer uma nova orientação do olhar. O Senhor convida Abraão a erguer os olhos, olhar para o céu e contar as estrelas (cf. Gn 15,15). O ponto de partida para a confiança está neste imperativo: "'Levanta os olhos'. Levantar os olhos presos que, muitas vezes, julgamos que – antes de nós – morreram"[9]. A fé sempre começa com uma conversão do olhar, com esse tipo de ruptura com a estreiteza de nossa maneira de ver o mundo e a nós mesmos:

> A fé é uma experiência de exterioridade, uma saída das nossas visões repartidas, um romper com as nossas perspectivas. "Levanta os olhos". O Senhor nos conduz para fora dos círculos fechados das nossas interrogações e evidências. Precisamos abrir as janelas que dão para o vasto, erguer os nossos olhos além do chão, contemplar a imensidão tatuada no universo e em nós[10].

O ideal bíblico da fé é, portanto, essa confiança depositada em Deus, que cria no ser humano um modo particular de existência e o torna capaz de deixar tudo – lugares, ideias, convenções culturais, identidades provisórias – para avançar em direção ao incompreensível mistério da vida com um Deus amigo da humanidade[11]. Israel guardará a memória de seus

---
8. LI, 105.
9. MI, 127.
10. MI, 127. Ver, também, no livro *O tesouro escondido*, a seção "Os velhos deviam ser como exploradores". Cf. TE, 33-42.
11. Cf. TE, 41.

patriarcas a partir do elemento fundante da relação deles com Deus. Diante da dimensão sem precedentes da caracterização de Abraão como amigo de Deus, nosso biblista pergunta:

> Como é que Abraão se torna "o amigo" de Deus? Pela construção de uma relação de confiança (de onde deriva, aliás, a palavra "fé")? Por um pacto de reciprocidades que, entre ambos, se estabelece? Sem dúvida. Mas também por um conjunto de detalhes menores, marcas cotidianas, quase indizíveis, que nos introduzem no universo característico da gramática da amizade: olharem juntos para a mesma direção (cf. Gn 15,5); manterem uma solicitude traduzida em gestos (Diz Deus: "Não temas, Abrão. Eu sou o teu escudo" – Gn 15,1); entregarem-se a uma prática da hospitalidade (Gn 18,1-5)[12].

O vínculo de amizade entre Deus e Abraão se torna um paradigma da crença para Israel. Uma relação portadora de uma promessa: ter sua própria família – uma descendência incontável – e tornar-se uma bênção para todas as famílias da terra (cf. Gn 12,1-3). Mas essa promessa – transmitida pessoalmente a Isaac e a Jacó – aguardava o momento em que cada membro dessa família, tornada um povo, estaria pronto para estabelecer o mesmo tipo de relação pessoal com seu Senhor e com as outras famílias da terra. Outras seções bíblicas são, ao mesmo tempo, testemunhas e mestras dessa esperança.

---

12. NCL, 28-29.

Profetas e orantes:
o aprendizado de uma palavra autêntica

Os ensinamentos, as normas e as narrativas da Torá são o alicerce da fé e da identidade de Israel. Mas os textos bíblicos também conservam a memória de dois fenômenos importantes na história religiosa desse povo: a irrupção do movimento profético e o advento dos "orantes". De acordo com Tolentino, esses dois fenômenos são testemunhas de uma transformação decisiva no desenvolvimento da fé de Israel:

> A riqueza expressiva do registro da Fé começou a desenvolver-se quando, com os profetas e esses solitários e pungentes vultos de "orantes" que atravessa os Salmos, se ultrapassou o caráter rigidamente comunitário que a religião veterotestamentária conheceu na idade mais arcaica, e os indivíduos ganharam espaço no seio da comunidade para verbalizarem a sua experiência religiosa fundamental[13].

A manifestação dessa individualidade passa por uma relação particular com a palavra. Mas a concepção hebraica de palavra, expressa pelo termo *dabar*, não coloca a ênfase na coisa dita, isto é, "a palavra tomada isoladamente no seu caráter fragmentário", mas sim naquele *"não sei quê,* essa porção de sentido que toda palavra guarda e que brilha nela como a lâmpada incessante junto do tabernáculo"[14]. Toda *dabar* tem uma dimensão dianoética – contém um pensamento e um significado –, mas também possui uma dimensão dinâmica, "carregada de

---
13. LI, 103.
14. LI, 186.

força, que se faz luz nas manifestações várias"[15]. O modelo de palavra assumido e difundido pelos profetas de Israel é o da "Palavra do Senhor". Tolentino lança luz sobre seu significado:

> A *dabar Ihwh* deixa de ser apenas constituída por palavras e manifesta-se também nos acontecimentos da história, nas obras e gestos simbólicos que os profetas são chamados a realizar e que produzem, pelo seu caráter insólito, um questionamento radical[16].

A *dabar* profética assume, portanto, a forma de um falar com intencionalidade e de uma representação simbólica capazes de gerar uma nova compreensão da realidade; nesse sentido, essa *dabar* também é "poética". Graças à sua força crítica, ela ajuda a ver o que está latente em um determinado contexto e que, por um motivo qualquer, tornou-se invisível. Essa *dabar* funciona como uma espécie de espelho para cada pessoa – especialmente os governantes – e para o povo. Um exemplo paradigmático dessa função especular pode ser encontrado na parábola contada pelo profeta Natã ao rei Davi, após uma sucessão de pecados e crimes cometidos pelo rei, desde o adultério até um assassinato (cf. 2Sm 12,1-4). Tolentino analisa esse serviço profético à Palavra do Senhor da seguinte forma:

> Não raro, o que nos escapa mais é o óbvio, e o que nos é mais difícil de olhar é o que se mete pelos olhos adentro. Conseguimos ter uma visão escrutinada sobre tudo e todos, e revelar uma incapacidade gigante de nos observarmos a

---
15. LI, 186.
16. LI, 187.

nós mesmos, cegos para a nossa imperfeição e vulnerabilidade. Precisamos, por isso, de um operador de transformação, da chegada de um terceiro que introduza uma brecha crítica, do confronto com uma palavra que seja um espelho, um dispositivo ao mesmo tempo profético (que traga confronto) e poético (que nos relance no aberto)[17].

Os profetas são denominados, de um modo justo, "amigos de Deus". Mas acontece um fenômeno curioso: eles se tornam os consoladores de Deus em Seu sofrimento. Vemos isso, por exemplo, em um texto paradigmático da profecia de Isaías: o cântico da videira (cf. Is 5,1-7), que denuncia a infidelidade e a ingratidão do povo para com seu Deus. Tolentino chama a atenção para esse fenômeno: "O dado mais singular neste poema espantoso é que o profeta se coloca como amigo ao lado de Deus, confortando-o na provação, comprometendo-se com Ele num momento de crise"[18]. Uma experiência semelhante foi expressa por uma mulher judia do século XX, em meio à barbárie contra seu povo:

> No mistério que é a amizade, antevemos em Isaías aquilo que, por exemplo, uma nossa contemporânea, Etty Hillesum, dirá explicitamente: "Nós é que temos de ajudar-te [ó Deus], e, ajudando-te, ajudamo-nos a nós. E esta é a única coisa que podemos preservar nestes tempos, e também a única que importa"[19].

Diante dessa força espiritual, mas diante também da tensão denunciada e provocada por estas palavras cortantes, não

---

17. MI, 129-130.
18. NCL, 36.
19. NCL, 36.

é de surpreender que o destino de muitos profetas tenha sido o martírio. Já no judaísmo tardio, o profetismo era considerado uma manifestação espiritual de uma época passada[20]. Após o exílio na Babilônia, os textos normativos e narrativos foram reunidos na Torá, enquanto os relatos proféticos e os oráculos formaram outra seção. Nessa época, "o conceito profético de *dabar Ihwh* fundiu-se com o legal e a palavra de Deus, manifestação da Sua vontade revelada, passou a ser quer a Lei, quer os profetas"[21].

Desempenhando um papel importante nas Escrituras de Israel, outra forma de falar diante do Amigo está reunida no saltério: a oração. A palavra dos salmos, como toda oração, é uma palavra dialógica na qual um "eu" apela para um "tu", em uma relação que se abre a um "nós" mais amplo. Essas orações revelam a lógica da relação espiritual: "Aquilo que cada um vive é o ponto de partida para uma relação com Deus, e uma relação que raramente é plana, que jamais é previsível ou repetitiva"[22]. Portanto, precisamos aprender a tomar a palavra nesse relacionamento singular. Essa apropriação pessoal da fé faz eco à mesma dinâmica que reconhecemos nas passagens relativas ao maná e ao banquete:

> O amor de Deus não é apenas universal, é também pessoal. Posso reconhecer o olhar de Deus que me conhece, que

---

20. Cf. CJ, 139. Contudo, às portas do Novo Testamento, podemos notar uma tensão dentro dos grupos judaicos: por um lado, há o judaísmo farisaico, mais inclinado à normatividade de tipo racional; do outro lado, está o judaísmo ortodoxo (cf. 1Mc 14,41) e o judaísmo heterodoxo de Qumran, que sustentavam a esperança de uma irrupção profética do tipo messiânico. Cf. CJ, 140.
21. LI, 187.
22. MI, 66.

dedilha as cordas singulares da minha alma, escuta o meu corpo desde sempre, desde quando era tecido nas profundezas da vida[23].

Dessa forma, os salmos se tornam, para cada membro da comunidade de fé, uma escola da Palavra da vida: "Quando tem de dançar, dança; quando tem de bendizer, bendiz. Mas também, quando tem de atirar o seu grito na noite mais escura, o faz com uma verdade que estremece. A oração tem de mostrar as linhas de fogo da vida"[24]. Os salmos nos convidam a associar nossas palavras pessoais às palavras dos outros. De fato, o desafio de qualquer comunidade se encontra na articulação entre as experiências coletivas e pessoais de seus membros. Em um comentário sobre o Salmo 33, Tolentino chama a atenção para essa dinâmica:

> E, de novo, somos colocados na conjugação entre um hino litúrgico de louvor para uso de uma assembleia e uma autobiografia confessional. Isso é claro também no jogo entre o "eu" e o "vós" em que a composição assenta. Mas o ponto de partida é a experiência pessoal, como se vê no arranque da composiçao: "Em todo tempo, bendirei o Senhor [...]"[25].

Mas os salmos não são apenas uma escola da palavra. Tolentino destaca um convite dirigido à assembleia de Israel: saborear a bondade do Senhor (cf. Sl 33,9)[26]. O convite a saborear exige uma intimidade mais profunda, além da palavra, porque,

---

23. MI, 131.
24. MI, 66.
25. MI, 66-67.
26. Ele alarga, assim, esse convite a todo o saltério: "Saborear Deus! Esta é a proposta que nos faz o saltério, e não por acaso, pois os salmos conjugam a fé na primeira pessoa do singular". MI, 65.

"enquanto das coisas que permanecem exteriores que podemos apreciar, avaliar, distinguir, o sabor implica sempre uma relação mais total"[27]. A palavra é o caminho para a intimidade, mas a comunhão possibilitada pelo gosto é seu objetivo. Portanto, precisamos aprender a saborear a presença do Senhor – e a dos outros –, superando nossa tendência à voracidade diante de um bem – seja ele material ou espiritual:

> Quando é que saboreamos? Quando detemos o mero exercício de devorar o mundo; quando se introduz uma lentidão interior; quando contemplamos com as papilas gustativas; quando o nosso corpo contempla; quando, todo concentrado, ele observa, surpreende-se, avizinha, entreabre o segredo, deixa essa espécie de epifania revelar-se[28].

Quando uma pessoa vive essa experiência, ela está pronta para bendizer até mesmo os fragmentos de vida que lhe são dados: "Na mínima porção percebemos o máximo do sabor, naquela migalha minúscula colhemos o máximo da doçura"[29]. Dessa forma, pouco a pouco, cada pessoa adquire outra capacidade: amar e bendizer a "migalha" de vida que ela carrega, com o objetivo de fazê-la frutificar e oferecê-la aos outros.

Os outros escritos: um espaço-tempo para o amor

Como nas seções bíblicas anteriores, os outros escritos – que incluem os escritos sapienciais – enfatizam explicitamente

---
27. MI, 66.
28. MI, 66.
29. MI, 66.

a importância da verdadeira amizade (cf., por exemplo, Pr 18,24; Pr 27,9; Pr 27,19; Sr 6,14-16). Mais do que isso: a Sabedoria de Deus é apresentada como amiga da humanidade. No entanto, essa amizade com a Sabedoria não é adquirida apenas nas tarefas teórico-práticas atribuídas a ela: julgar, pensar, examinar, prever. De acordo com Provérbios 8,30-31, "é infinitamente mais simples o seu programa: brincar, alegrar-se amigavelmente com os homens"[30]. Brincar e se alegrar: é isso o que rompe com uma relação utilitária com o mundo e nos convida a entrar no reino da gratuidade.

Um dos livros mais controversos da Bíblia – o Cântico dos Cânticos – canta a apreciação das delícias e das alegrias de um relacionamento amoroso entre uma mulher e um homem, que se referem um ao outro como amigo e amiga[31]. Nesse poema, no qual o nome de Deus aparece apenas uma vez (cf. Ct 8,6), "coloca-se entre parênteses a sobriedade da antropologia bíblica, e exalta-se demoradamente a beleza, o aspecto, os detalhes das figuras feminina e masculina"[32]. Depois de se questionar sobre a origem do texto, Tolentino relembra uma chave hermenêutica fundamental para a leitura de cada livro bíblico:

30. NCL, 148.
31. Fazendo eco à provocação da exegeta francesa Anne-Marie Pelletier, Tolentino vê no Cântico dos Cânticos uma das expressões mais eloquentes da Bíblia, como um "livro perigoso": "A história da leitura do Cântico dos Cânticos sublinha isso de vários modos: desde as hesitações que primeiro rodearam a sua integração no Cânone Sagrado às proibições ou, pelo menos, aos tácitos esquecimentos que a remeteram para um casulo de silêncio; desde o desconcerto perante a linguagem ali utilizada à proliferação de soluções alegóricas que, de certa forma, tentavam contornar ou substituir-se às dificuldades colocadas pelo texto". LI, 111.
32. LI, 114.

Se é verdade que o confronto com todos estes modelos literários, próximos no tempo e no espaço ao escrito bíblico, fornece alguns contributos esclarecedores, ele não dissipa uma questão essencial: o fato de um estudo meramente comparativo ser inconclusivo, pois é, tendencialmente, fragmentário. A coerência global do texto é, no fundo, determinada pela sua "inserção num contexto singular que o qualifica e o interpreta necessariamente". O *Biblos* (livro) requer o horizonte da *Bíblia* (livros), donde recebe a sua iluminação. O Cântico retoma o vocabulário comum aos cultos e rituais das práticas religiosas coevas, mas para o reinscrever num contexto próprio, que desconstrói as formulações mitológicas, historicizando-as[33].

A força espiritual desse poema está na profundidade com que ele assume a natureza e a "carne", em um diálogo de amor entre uma mulher e um homem. Mais uma vez, é uma questão de fazer falar a realidade como ela é, de refinar nossa escuta de sua mensagem. Nesse jogo amoroso, os protagonistas do Cântico passam por uma metamorfose: ao abandonarem a condição de pastores, eles assumem a condição de reis. Tolentino propõe uma interpretação: "Talvez porque o amor envolva os protagonistas numa nova e mais elevada condição! E isso faz deles enunciadores primeiros do real e não meros repetidores"[34]. Talvez a leitora e o leitor contemporâneos, distantes do contexto original em que esse poema foi escrito, não percebam a revolução que esse texto representa, pela mediação de um intercâmbio de palavras:

---

33. LI, 113-114.
34. LI, 116.

Nos séculos V ou IV a.c., quando se calcula que este livro tenha sido escrito, a condição da mulher estava marcada por uma subalternidade em relação ao homem, e o espaço social em que se movia (salvo raras exceções) era restrito. Mas ela aqui alcança um protagonismo que a torna parceira autêntica do seu par. Nenhum outro texto bíblico dá a palavra à mulher numa tal proporção. Há uma acumulação de verbos na primeira pessoa, com a bem-amada por sujeito. Ela busca e é buscada. Pede e é pedida. A sua palavra inaugura o canto. A mulher olha para o homem e avizinha-se a ele com a mesma impaciência e a mesma alegria de ele a ela. Este coprotagonismo que o Cântico atribui aos que se amam lança o amor como território de uma reciprocidade e uma paridade fundamentais[35].

O Cântico vê no amor humano – e na escolha livre de sua expressão sexual – uma atualização da criação, como a geração de algo novo. Como essa perspectiva criativa pode ser conciliada com certa tendência ao formalismo, evidente nas regras escritas de impureza e no tratamento da sexualidade em certos livros das Escrituras? Todas essas perspectivas estão presentes na Bíblia: para Tolentino, os textos "não devem ser negados nem absolutizados"[36]. A recepção das Escrituras, em seu conjunto, proporciona uma interpretação ainda mais justa:

> A visão que a Bíblia oferece, na sua paciente construção, supõe o trabalho sobre a própria experiência, o afinamento, a maturação espiritual. Os pontos de partida nem sempre são muito evidentes, como é o caso da monogamia, da

---
35. LI, 115-116.
36. LI, 123.

indissolubilidade do pacto amoroso ou do equilíbrio entre procriação e amor conjugal. Mas, dentro da progressividade que caracteriza a economia da revelação, eles são enquadrados como "preparação", "anúncio" e "simbolização"[37].

Tolentino argumenta que o amor e a sexualidade humana, conforme descritos no Cântico dos Cânticos, são uma poderosa metáfora de Deus[38]. O amor humano diz algo sobre a relação de Deus com sua criação. No coração de um relacionamento amoroso, as duas pessoas percebem que "todo o diálogo de amor é uma conversa entre mendigos", ou seja, não é uma conversa "entre gente que sabe, mas entre quem não sabe; não entre gente que tem, mas entre quem nada retém"[39]. Quando alguém é afetado por essa experiência de despojamento, pode-se enfim entender a única maneira justa de eliminar a distância entre pessoas diferentes:

> A sexualidade como metáfora para o amor de Deus, por quê? Talvez na descrição que Lévinas faz do amor a nossa perplexidade encontre uma âncora: na experiência erótica, dá-se a aparição do Outro em toda a sua frágil vulnerabilidade, e esse acontecimento impele a que a distância seja elidida através de um gesto que nada mais quer senão ser amor[40].

A busca por essa relação gratuita não se limita às relações humanas. Em um contexto no qual uma ameaça de morte pesa

---

37. LI, 123.
38. Tolentino utiliza a definição de Paul Ricoeur: "Paul Ricoeur fala da metáfora em termos de movimento. Na sua obra *A metáfora viva*, define-a 'como uma espécie de deslocamento de... para...'". LI, 127-128.
39. LI, 118.
40. LI, 129.

sobre o relacionamento entre um homem e uma mulher, Tolentino vê em uma passagem do Livro de Tobias um dos mais belos ícones de amizade propostos pela Bíblia[41]: "O menino foi, e o anjo com ele; o cão também foi com ele e os acompanhou" (Tb 6,1). Para nosso biblista, essa presença discreta do cachorro "representa a aliança de amizade entre o ser humano e todas as criaturas"[42]. Essa aliança tem dois aspectos. Por um lado, "precisamos ser curados pela amizade das criaturas"[43]. Por outro lado – mas em conexão com a cura esperada –, essa amizade nos lembra de nossa tarefa histórica: "A nossa tarefa não é dominar, mas apascentar aquilo que, em linguagens tão audíveis e tão silenciosas, as outras espécies, nossas companheiras na grande viagem do mundo, dizem"[44].

A abertura para o novo, a expressão de uma palavra pessoal que se une a outras palavras, um amor paciente que cria espaço para que o outro seja: esse caminho não seria possível sem a companhia de um amigo e uma amiga, a expressão misteriosa de um bem discreto, presente ao longo de uma vida.

Mas é hora de dar um passo atrás em relação a essas narrativas fundadoras, às profecias e à sabedoria de Israel, e avançar em direção às profundezas das "entranhas": uma teologia poética que, estando na base espiritual da fé bíblica, pretende dizer algo sobre os "princípios" das utopias e dos fracassos tanto de Israel como de todos os filhos e filhas da humanidade.

---
41. Cf. NCL, 173.
42. NCL, 173.
43. NCL, 175.
44. NCL, 173.

7
Ler nossa gênese em chave "gastronômica": uma poética de separação e união

As Escrituras são abertas por uma profissão de fé fundante, um modo particular de compreender a relação entre o conjunto dos existentes: é o que tradicionalmente se chama de "criação". A fim de conduzir a comunidade de fé às profundezas do mistério do mundo, esse texto destaca uma "normatividade" presente em tudo o que foi gestado nas "entranhas" da terra: é por isso que podemos ver nele, analogamente, uma espécie de *gastro-nomia* teológica. Mas de que tipo de normatividade estamos falando? Ao longo dos tempos, esse portal de entrada para as Escrituras foi interpretado de acordo com vários paradigmas. Afastando-se de um modelo interpretativo que lê a realidade em termos de causa e efeito, Tolentino faz eco à voz de teólogas, teólogos e exegetas que se aproximam do mistério da criação de um jeito diferente, vendo-o como uma "poética de Deus"[1].

---

1. Cf. HD, 7. "Poética" é aqui usada no sentido do termo grego *poiesis*, a ação de fazer alguma coisa com criatividade.

Esse paradigma – semelhante àquele que fala da criação como um "jogo"[2] – revisita os textos bíblicos à luz dos avanços das ciências modernas, levando a sério o lugar da contingência e da dimensão aleatória na história do universo. Isso torna possível reler o texto e encontrar o que já estava lá: a criação é apresentada como "um processo livre, lúdico, inovador"[3].

Além disso, a relação com a comida – que emerge no texto, em filigrana – pode nos ajudar a aprofundar o que está em jogo na história, na reflexão e na fé de Israel.

Uma separação criativa: diferenciação e descanso

Tolentino nos convida a uma aproximação do primeiro relato da criação, reconhecendo-o como um "poema do olhar"[4]. De acordo com ele, ao longo desse texto, "não apenas com o seu fazer, mas também com o seu olhar, Deus confirma, revela, desvela a bondade intrínseca da criação"[5]. Essa bondade é atribuída aos seres criados, mas é também a marca do processo pelo qual eles passam a existir: um processo de separação. É a partir desse processo que as Escrituras compreendem a surpreendente diferenciação dos seres:

---

2. Fazendo referência ao texto de Provérbios 8, no qual a Sabedoria brinca na criação, Tolentino reflete: "Porque se revela tão importante esta dimensão do jogo? Porque a criação [...] não é a imposição de uma necessidade, mas a teologia descreve-a como ato de amor que não tem outra razão de ser senão o próprio amor". HD, 7.
3. HD, 7.
4. MI, 145.
5. MI, 145.

Os estudos bíblicos têm-nos ajudado a perceber o papel de pivô desempenhado pelo verbo "separar": Deus cria separando. Separa as águas superiores das inferiores, divide as diversas luzes, cria individualidades, existências e missões distintas. Mas dessa separação nasce, também, a possibilidade de Deus *des-cobrir*, retirar o véu que cobre a bondade ou a beleza de cada criatura. Assim, por detrás de todo o criado existe o olhar enamorado de Deus, o seu olhar extasiado sem instrumentalizações, sem outra finalidade que não seja enunciar a plenitude[6].

Em meio a essa diversidade de seres criados, a aparição do ser humano é assinalada no texto por um tom mais solene: "Em vez do 'Faça-se', Deus disse: 'Façamos...', recorrendo a um plural misterioso. 'Façamos o ser humano à nossa imagem, à nossa semelhança...' (Gn 1,26)"[7]. De acordo com o poema, o ser humano recebe uma tarefa importante no conjunto da criação: ele deve dominar a terra e ser o mestre dos viventes. O que esse mandato de domínio implica? Tolentino o interpreta:

> O conteúdo de tal provisão, expresso pelo verbo "dominar", deve entender-se não à maneira de uma tutela absoluta e arbitrária, mas próximo do campo semântico pastoril. "Dominar" significa "apascentar", "guiar", "acompanhar". O homem emerge como pastor do criado. Faz as vezes de Deus, é seu lugar-tenente, seu representante e, nesse pressuposto, exerce a tarefa de cuidar[8].

---
6. MI, 145.
7. PNT, 90.
8. LI, 65-66.

Essa missão confere à mulher e ao homem o privilégio da responsabilidade. Mas além do vínculo com os outros viventes, a relação entre a criatura humana e a base inanimada do mundo criado é explicitada no segundo relato da criação (cf. Gn 2). Seu vínculo intrínseco é significado pelo nome que ambos recebem:

> O texto estabelece um vínculo de cooperação entre a terra (*adamah*) e o homem (*adam*). [...] *Adam* e *adamah* partilham uma semelhança fundamental e uma história. Quando se "opõe a aridez da terra como estado de vazio negativo à cultivação humana como estado positivo", assinalam-se precisamente os benefícios dessa companhia[9].

Portanto, essa associação singular entre argila e sopro na criatura humana está na origem de uma etapa fundamental na grande aventura da vida terrestre. Uma etapa que acrescenta algo novo ao pó da terra, como diz um poema de Francisco de Quevedo: "Em poeira se tornarão, / mas poeira enamorada"[10]. Essa possibilidade de um amor enraizado na poeira da terra é cuidadosamente ilustrada nas narrativas da criação. A relação de cooperação proposta pelo texto não se reduz ao vínculo entre os seres humanos e a terra, mas há uma alteridade fundante no seio da própria humanidade. Tolentino destaca a maneira pela qual o texto considera a realidade concreta e corporal da diferenciação sexual:

> A primeira nomeação do ser humano é genérica, vem num singular coletivo, e etimologia do termo empregue, '*adam*,

---

9. LI, 65.
10. MI, 108.

inscreve-o simplesmente na situação terrestre. É na segunda nomeação, quando se visa especificar em detalhe a obra criadora de Deus, que surge com todo o realismo o caráter sexuado do casal humano: *Zâqâr* é o *membrum virile* e *neqébâ* é "aquela que se rasga, que se penetra"[11].

Esses termos indicam uma compreensão corporal da união: a manifestação sexual da união humana envolve uma ruptura das fronteiras corporais, o que também causa um rasgamento. Entretanto, esse realismo bíblico, ao considerar a sexualidade como um dom de Deus, afasta-se da compreensão de uma sexualidade sagrada, própria às culturas vizinhas: "A sexualidade é olhada pelo texto bíblico, desde o princípio, como um território privilegiado de descoberta e de construção do humano"[12]. Essa atenção aguda de Israel à diferenciação, sua ruptura com os sincretismos circundantes, seu desejo de compreender e estabelecer leis claras estão na raiz de um fenômeno religioso, literário e ético:

> A religião bíblica desencadeia uma desmitologização em larga escala. Mesmo quando mantém a linguagem do mito, o seu núcleo significativo é substancialmente diverso e colocado ao serviço de um Deus transcendente, espiritual, entrevisto como alteridade radical. A sexualidade bíblica é, assim, a sexualidade humana. E, retirada do alcance do mito, pode ser colocada sob a iluminação da ética[13].

O surgimento dos corpos e das relações humanas sexuadas está, portanto, enraizado na terra, na história, no mundo

---

11. LI, 121.
12. LI, 121.
13. LI, 122.

da ação e da ética; um mundo que se abre à dimensão espiritual: "Com a criação (isto é, desde o princípio dos princípios) ficou estabelecida uma fascinante e inquebrável aliança: aquela que une espiritualidade divina e vitalidade terrestre"[14]. A ampliação e o aprofundamento da experiência do Sopro de Deus ocorrem por meio do barro, que se tornou um corpo capaz de falar e amar.

Dito isso, a criatura humana não é apresentada como o último gesto do Criador. O primeiro poema da criação é orientado para um "sétimo dia": o dia do descanso do Senhor, que "levou a cumprimento a obra da criação"[15]. A fé bíblica sustenta que "sem o repouso (o *shabbath*, como se diz em hebraico) a ação permanece inconclusiva, inacabada"[16]. O sentido desse "dia" está ligado, por um lado, ao desprendimento de Deus em relação à obra criada e, por outro, ao surgimento de um tempo para a gratuidade, a alegria e o prazer[17].

A fé bíblica considera, portanto, que há, por um lado, a *ação criativa* de Deus e, por outro, o *repouso gerador* de Deus. É um descanso que quer abrir espaço para outros cocriadores, que, por sua vez, também se tornam capazes de viver livremente seu "sétimo dia" em favor de outros; a condição existencial que pode superar toda fragmentação:

> Deus não cria apenas, Deus cria e percebe que a criação fica incompleta sem a alegria, sem a gozação, sem sentirmos

---

14. MI, 11.
15. MI, 28.
16. MI, 28.
17. Tolentino afirma: "É importante observar que o trabalho de Deus só fica completo quando Deus, como que se destacando da sua própria obra, a contempla na sua bondade original, e vê que tudo é muito bom (ou muito belo)". MI, 144-145.

que aquilo em que colaboramos, aquilo com que conspiramos, aquilo de que fomos criadores e testemunhas pede de nós esse momento extasiado, esse momento de pura gratuidade em que olhamos o fragmento no todo; olhamos a partícula na totalidade; inscrevemos o tempo na eternidade. E não separamos nem dividimos[18].

Tolentino ressalta que "uma das anomalias que mais nos afeta é a incapacidade de perceber o significado desse repouso"[19]. Quais seriam as consequências dessa incapacidade? Nesse mesmo conjunto de relatos – e justamente em relação com a comida! –, o texto bíblico toca na profundidade dessa questão.

Uma ruptura destruidora: a possível perversão do olhar

Uma das consequências mais importantes da confissão de fé dos dois relatos da criação do Gênesis é a seguinte: "Não se podem identificar com o Mal as características principais da vida querida por Deus: a condição criatural e a finitude"[20]. A bondade intrínseca da criação é afirmada com firmeza. Mas o terceiro capítulo do Gênesis tenta dar conta de uma desordem das relações no interior do mundo criado, que a humanidade experimenta de forma dramática. Essa passagem coloca a criatura humana diante da enigmática árvore do conhecimento do bem e do mal, portadora do único fruto que lhe foi proibido comer. O mal e o bem aparecem muito próximos, não em duas

---
18. NCL, 145-146.
19. MI, 28.
20. PNT, 143.

árvores distintas, mas em uma só. Tolentino afirma que "essa estranha árvore mitológica reúne em si ambas as polaridades. As mesmas que nos habitam"[21].

A sequência do relato fala da sedução enganosa de um ser vivo que rasteja na superfície da terra – uma serpente –, que propõe à humanidade uma ampliação de seu olhar. Nosso biblista afirma que "essa ficção de uma visão ilimitada, e nesse sentido também de uma visão inumana, captura a mulher"[22]. Entretanto, a amplitude do olhar de Deus estava ligada à sua atitude em relação a todas as criaturas: "Deus olhava para cada uma das obras da criação a partir do seu bem. As coisas eram consideradas no seu fundamento, não porque tinham uma finalidade"[23]. Essa passagem aponta para a raiz da desordem que se instala no conjunto da criação – uma desordem que advém de uma *relação inadequada* com *algo bom*:

> A mulher é atraída por um bem, mas por um bem demasiado limitado, que ela destaca do horizonte do bem absoluto, do bem maior. É um bem para ela, mas torna-se trágica a comparação com a afirmação "Deus viu que era bom". Deus vê a bondade das coisas em si mesmas, a mulher avalia essa bondade em função dela própria[24].

O olhar do homem e da mulher torna-se prisioneiro de uma dinâmica autorreferencial: é sempre possível olhar para o "outro" e vê-lo como um ser cuja finalidade está centrada no observador. Tolentino adverte: "Nem nos damos conta até que

---
21. PNT, 145.
22. MI, 128.
23. MI, 128.
24. PNT, 145.

ponto a pretensão de nos constituirmos como medida de todas as coisas bloqueia o olhar"[25]. É assim que o Gênesis apresenta a raiz do mal como o "sequestro do olhar", uma "inversão do sentido do ver", "um olhar que foge", "uma renúncia a olhar as coisas na sua inteireza"[26]. Quando isso acontece, o fruto colhido não é uma ampliação do conhecimento, mas sim uma ocultação do mundo:

> A inversão do olhar, no drama do jardim, mostra que ocorre uma espécie de ocultação do mundo quando deixamos de ter capacidade de olhar as coisas em si, segundo o projeto que lhes foi concedido pelas mãos do Criador. É como se o criado entrasse em retração diante dos nossos olhos com todas as consequências que daí advêm[27].

Dito isso, mesmo após essa desordem do olhar, o mundo em sua realidade concreta sempre permanece acessível à criatura humana, como fonte de alegria e prenúncio de plenitude. Os poetas nunca deixam de nos lembrar disso. Já no século XX, lemos isso na poesia de Fernando Pessoa:

> A espantosa realidade das coisas / É a minha descoberta de todos os dias. / Cada coisa é o que é, / E é difícil explicar a alguém quanto isso me alegra. / E quanto isso me basta[28].

Quando o olhar humano perde seu senso de gratuidade, a hostilidade nas relações só pode aumentar. Mas, mesmo ao considerar a situação dramática da humanidade, a sequência

---
25. MI, 128.
26. MI, 129.
27. MI, 128.
28. MI, 129.

dos relatos do Gênesis não é, de forma alguma, fatalista. Vemos isso, por exemplo, na trágica história da relação entre os irmãos Abel e Caim. Abel é apresentado como um pastor nômade, enquanto Caim é um agricultor sedentário. Um conflito violento surge no exato momento da oferta do fruto de seu trabalho ao Senhor Deus. No relato, Deus volta seu olhar apenas para a oferta de Abel. O que se torna insuportável para Caim é justamente a maneira diferente com que Deus olha para os dons que lhe foram apresentados. Nosso biblista oferece uma interpretação dessa passagem:

> Nesta história, com uma evidente configuração etiológica, temos a memória de uma transição violenta entre as sociedades transumantes e as sociedades de tipo agrário. E temos, sobretudo, a narrativa da fraternidade descrita como um imperativo ético (mesmo que violável), e não simplesmente como um dado da natureza. [...] Os irmãos podem matar-se. Mas a fraternidade é uma decisão e um projeto ao alcance do homem[29].

Ao analisar o verbo que Deus dirige a Caim nessa história – *timshel*, você pode/você deve –, Tolentino chama a atenção para a possibilidade de fazer a escolha certa, no auge da cólera e da luta contra o mal, ambas atuantes na intimidade humana. No diálogo com Caim – a tal ponto contrariado que deseja eliminar seu irmão –, "Deus não diz: 'Vou retirar-te a liberdade, vou condicionar-te para que isso não mais aconteça'. Antes afirma: 'Tu podes vencer o Mal'"[30]. Como sabemos, na

---
29. HD, 11.
30. HD, 12.

sequência dessa narrativa, Caim não conseguiu dominar o mal e matou seu irmão. O desafio do vínculo ético e fraterno segue seu caminho no livro do Gênesis. A história de José (cf. Gn 37–50) – outra saga cujo enredo se baseia na inveja entre irmãos – chegará a uma conclusão diferente daquela de Caim e Abel. Quando a vida de toda a sua tribo é ameaçada por uma grave situação de fome, José – que havia sido vendido por seus irmãos – é capaz de ver uma ação providencial de Deus nas reviravoltas da história de sua família: "Vocês queriam me fazer mal, mas Deus queria fazer o bem: preservar a vida de um povo numeroso, como está acontecendo hoje" (Gn 50,20). A teologia de Israel é mais uma vez afirmada, aqui, de forma narrativa:

> Neste enunciado breve está contido todo um programa. Sem desmentir o Mal, abre-se, contudo, a possibilidade da emergência do Bem. A luta contra o Mal é possível, e ela passa pela afirmação última e inesperada do plano divino. Quando tudo parecia dominado pelo mal, num círculo devastador irreparável, José escolhe afirmar o amor e o perdão[31].

Israel acredita que a escolha do amor e do perdão está ao alcance do homem e da mulher. Mas isso sempre pressupõe uma conversão do olhar. Os poemas, os relatos e as orações ligadas aos "princípios" testemunham a experiência do ser humano que se descobre fora do paraíso, mas com um objetivo preciso: "Para que possa encaminhar-se para ele. A expulsão não é, portanto, uma perda, mas o primeiro, e misterioso, passo

---

31. PNT, 148.

para a promessa"[32]. O tempo histórico é o tempo da salvação; em outras palavras, um tempo voltado para uma plenitude (*eschaton*) que está diante de nós, à nossa frente. A fé bíblica, condensada na teologia da criação, revela-se portadora de uma esperança muito forte. É também isso o que ela deseja transmitir às gerações de novos fiéis. Nosso biblista considera o conjunto dos relatos das origens como uma autêntica "gramática da esperança", porque, mesmo quando "propõem o inventário do irreparável, é ainda para apontar que o verdadeiro paraíso não é, nunca é, aquele perdido, mas o esperado"[33]. Então, como podemos ter acesso a essa relação esperada com Aquele que está na origem e no fim da história do mundo?

O mistério da mediação espiritual: transmissão ou opressão?

Os relatos bíblicos sobre os princípios transmitiram, de geração em geração, um modo de compreender o mundo: a diferença e o vínculo entre tudo o que existe, a possibilidade de comunhão ou de destruição no interior do mundo criado, a abertura de um futuro possível para além da violência e da morte. Esse caminho de maturidade humana, social e espiritual passa por uma relação, tecida na história, com um Senhor que é ao mesmo tempo próximo e transcendente: um Deus cuja alteridade em relação a tudo o que existe é experimentada como irredutível. É por isso que, de acordo com Tolentino, os crentes e os não crentes são confrontados com o silêncio de

---
32. LI, 63.
33. LI, 66.

Deus: como o antigo Israel, todos devem aprender que "Deus não é manipulável, domesticável por discursos e representações"[34]. Ao mesmo tempo, esse Deus se comunica e se revela por meio de palavras e gestos humanos.

O povo de Israel tomou progressivamente consciência de uma diferença radical entre o Senhor Deus e o mundo criado. A crise provocada pela dolorosa experiência do exílio na Babilônia – após um período de estabilidade social, econômica e religiosa – foi decisiva para esse entendimento. Como o Senhor poderia deixar o Templo em Jerusalém e abandonar seu povo? Comentando a visão inicial da profecia de Ezequiel (cf. Ez 1,4-26) – na qual aparece uma multidão de formas criadas, animais, homens, seres de fogo, anjos –, Tolentino diz: "Deus está ausente porque, de certa forma, sempre o esteve: a sua transcendência nunca deixou de ser absoluta e os seus desígnios impenetráveis. Mas Deus está presente aos homens na formulação múltipla da sua glória (*kabod*)"[35].

Diante de uma experiência paradoxal da transcendência e da proximidade de Deus, o povo bíblico desenvolveu uma espécie de "ciência dos anjos", reconhecendo que o mundo criado vai além do que nossos olhos podem ver. A fim de aprofundar sua própria compreensão dessa realidade espiritual criada, próxima a Deus e próxima ao mundo, o pensamento bíblico entra em diálogo com as tradições religiosas vizinhas:

> No que ao discurso da angelologia bíblica respeita, temos muitas influências e elementos desse espaço que convencionamos chamar paganismo, mas que seria mais correto

---

34. PNT, 63.
35. LI, 93-94.

designar como de religiosidade disseminada, pois, em vez de campo deserto, nos confrontamos aí com uma exacerbação sem controle, ou com uma vigilância difusa, do fenômeno religioso[36].

Para a fé de Israel, o que pode dar sentido a uma multiplicidade exacerbada e acrítica se não a referência ao Único? Já em um novo contexto, Israel reafirma e amplia sua confissão de fé na relação entre a abundância do plural – seja visível ou invisível – e o Único Senhor. A fé bíblica começa também a prestar atenção ao lugar de uma mediação espiritual entre a pluralidade de seres e seu fundamento único. A identidade dessa realidade espiritual mediadora é designada pelo termo "mensageiro", "anjo" (gr. *Angelos*, heb. *Maleak*, can. *La'aaka*): "Para definir Anjo, parte-se assim mais de uma semântica funcional, a da transmissão, do que propriamente de um debate sobre a sua natureza ontológica"[37].

Quando se fala sobre a manifestação e a missão do anjo, encontra-se novamente a pluralidade: sua morfologia é singular e plural; ele aparece sob forma humana e é misterioso; ele é distinto do Senhor e identificado com Ele; ele é benfeitor e exterminador. Sua identidade é, portanto, construída de forma poliédrica, tornando-se ainda mais densa "na afinidade de natureza, que numerosas narrações sublinham, entre o anjo e o fogo"[38] (cf. Ex 3,1-6).

Israel também reflete sobre outro tipo de presença espiritual, o mundo dos demônios, que se apresenta "como radicalmente

---
36. LI, 89.
37. LI, 86.
38. LI, 87.

oposto a Deus"[39]. Ao contrário dos anjos, que cumprem uma função mediadora de transmissão, esses outros seres espirituais são identificados com toda forma de opressão dos outros[40]. Na cosmovisão antiga, os demônios são o rosto pessoal dado às "forças obscuras a quem se atribui o mal (fosse ele doença, infortúnio ou morte)"[41]. Para sustentar a esperança dos fiéis em tempo de provação, a apocalíptica bíblica espera e anuncia a derrota das demoníacas forças de opressão diante da manifestação de uma figura misteriosa: "Miguel e os exércitos celestes, no fim dos tempos, vindo em seu socorro, triunfarão dos demônios (Dn 10,13), nessa grande luta cosmológica, onde brilha o estandarte da singular figura do 'Filho do Homem'"[42].

Dito isso, a fé bíblica rejeita firmemente qualquer dualismo originário e situa a batalha entre essas presenças espirituais dentro da temporalidade própria do mundo criado. Ela não pertence ao "princípio":

> No interior do judaísmo e da reflexão cristã, temos a afirmação inequívoca de Deus como o Criador. Todas as tentativas, e foram muitas, de identificar dois princípios concorrentes na ordem da criação, o Bem e o Mal, Deus e o demônio acabaram sendo recusadas. Claramente, Deus e só Deus é o Criador. E claramente, também, a Criação de Deus é uma obra boa[43].

Deus é Criador, e sua criação é fundamentalmente boa. O olhar – esse tipo de apreciação espiritual – pode ser pervertido

---

39. LI, 217.
40. Cf. o título da seção: "O Demonismo como forma de opressão". LI, 217.
41. LI, 217.
42. LI, 218.
43. PNT, 143. Cf. Gênesis 1; Sabedoria 11,24-26.

e corrompido. Mas a fé de Israel aponta para um caminho curioso de conversão à experiência da alteridade de Deus e do mundo:

> A experiência constrói-se no intransigente, desconcertante e ardente oximoro, que é a sua figura por excelência: a fé é sede que dessedenta, fome que sacia, vazio que enche de plenitude, escuridão que brilha. É na pobreza orante, de mãos estendidas e vazias, que a podemos tocar e viver[44].

O acesso à vida do Deus bíblico e do mundo que ele criou não pode ocorrer sem a experiência da sede, da fome, do vazio e da escuridão. É justamente nas profundezas desses "lugares" existenciais que Israel descobre a face de um Deus providente, que quer transmitir tudo à sua criação[45]. Em comparação com a herança grega clássica, a fé bíblica apresenta duas particularidades em sua reflexão sobre a providência divina: 1. "A providência é experimentada como a expressão de um Deus pessoal"; 2. "A história se torna o lugar decisivo de Sua manifestação"[46].

Entre a variedade de expressões ligadas à criação para falar de um Deus pessoal, as Escrituras evocam (particularmente

---

44. PNT, 64.
45. À exceção do livro da Sabedoria, de origem helenística, o termo "Providência" é quase ausente das Escrituras de Israel. Mas Tolentino justifica esse silêncio conceitual: "Não é estranho que o conceito de Providência esteja praticamente ausente dos textos bíblicos? É necessário tomar em consideração a originalidade do pensamento bíblico, da extração hebraica, tão silencioso quanto as formulações abstratas, e tão atento ao concreto, à escassez fulminante e essencial do concreto, ao seu pormenorizado realismo. [...] Por isso, não se tome por paradoxal esta verificada ausência do conceito de Providência, pois a experiência de um Deus Providencial está, precisamente, no âmago da Fé Bíblica". LI, 68.
46. LI, 69.

nos profetas) a imagem das entranhas maternas de Deus (cf. Jr 31,20): "Entranhas ou vísceras, em hebraico *rehamîm*, designam 'a parte mais íntima' do ser, a fonte daquele amor que tem a natureza impetuosa e inquebrantável do sangue"[47]. Para Tolentino, a fé bíblica em um Deus providente – ao mesmo tempo transcendente e presente na história – deve ser situada nesse mesmo campo semântico das entranhas:

> A providência radica-se neste território semântico: ela é o borbulhar do amor, a impossibilidade dramática que os que amam têm de não amar, a cada momento, em cada gesto; mesmo aqueles gestos que parecem triviais ou anônimos ou desprotegidos, é impossível que não gravitem, como certos corpos estelares, em volta do grande centro do amor[48].

Em um contexto de oração, um salmo referente à criação (cf. Sl 65) testemunha uma importante operação teológica em Israel: Deus é primeiramente apresentado como uma espécie de arquiteto cósmico, até ser comparado a um *pater familias* do cotidiano dos camponeses. A vida cotidiana, com sua radical historicidade, torna-se o lugar privilegiado para a revelação do mistério de Deus e do mistério do mundo:

> Melhor até que o enredo cosmológico dos atos fundadores, onde ainda se respira, de alguma forma, a atmosfera mítica do oriente antigo, o registro histórico, com a sua riqueza de pormenores, as suas imagens colhidas da existência cotidiana, o seu cioso realismo, testemunha amplamente a originalidade da Fé de Israel[49].

---
47. LI, 69.
48. LI, 69.
49. LI, 71.

A fé de Israel em um Deus criador e providente não permanece, portanto, vinculada a uma linguagem e um imaginário míticos. A experiência de ser criado e de estar vivo graças ao cuidado de um Outro só pode ser reconhecida na vida cotidiana: "As ações divinas não estão contidas apenas no excepcional tempo das origens, mas atravessam e resgatam o tempo ordinário, profano, presente"[50]. Em cada pessoa única e em cada grupo humano singular, esse mistério se manifesta e se revela de um jeito novo.

Três consequências emergem dessa consideração do vínculo entre o mistério de Deus e o mistério do mundo. Em primeiro lugar, a providência divina se manifesta tanto na história da comunidade de fé quanto nas histórias individuais: a reflexão teológica de Israel incentiva a cuidar da ligação entre a história coletiva do povo e a história pessoal de seus membros. Em segundo lugar, a fé na criação e na providência de Deus exclui qualquer tipo de providencialismo. O Deus bíblico não toma o lugar dos seres humanos no drama de sua existência: os riscos da vida e as escolhas decisivas – transmitir ou oprimir, nutrir ou devorar – sempre recaem sobre cada pessoa. Finalmente, a história na qual esse mistério se desvela, na qual a criação e a providência podem ser compreendidas e vivenciadas como um dom total, é a "história de uma Aliança, desse comércio todo puro e livre a que chamamos amor"[51].

Assim, diante das possibilidades reais de transmissão ou opressão, de alimentação ou devoração do outro, o Deus bíblico quer se doar à sua criação e quer que a humanidade se associe a ele nesse processo de doação de si. Enquanto houver

---
50. LI, 71.
51. LI, 74.

um amor irrompendo livremente na face da Terra, a utopia do antigo Israel estará longe de envelhecer.

* * *

A abordagem de alguns elementos culinários, afetivos e espirituais dos textos fundadores do povo de Israel nos ajudou a ver os pontos fortes, as fraquezas e os riscos de vários aspectos da relação recíproca entre uma pessoa única e a "multidão" à qual ela está ligada. Percebemos que o desejo de uma personalização cada vez mais profunda perpassa os textos bíblicos e que esse desejo está profundamente ligado a duas exigências: a sobrevivência de um grupo humano e a constituição e proteção de seu patrimônio comum. O amadurecimento dessas intuições espirituais e existenciais ocorre em uma dupla relação: com a realidade concreta da vida, *enraizada* nos diferentes aspectos de sua materialidade e historicidade, e com a proximidade transcendente de Deus, que *abre* continuamente o povo de Israel a uma identidade relacional mais ampla.

Reencontramos, aqui, alguns dos elementos da parte precedente de nosso itinerário, que destacou a constituição de uma identidade pessoal: a tensão entre a pessoa e a comunidade, entre a matéria e o desenvolvimento histórico, entre o enraizamento e a abertura, entre a recepção e a transmissão. Nesta terceira parte, nosso foco nos "discursos" fundantes de uma multidão traz à luz as escolhas feitas na passagem – sempre seletiva – da experiência histórica para a palavra e a literatura. Com o objetivo de ajudar cada uma entrar pessoalmente na aventura humano-divina de um dom de si que recusa a opressão dos outros, os textos de Israel não hesitam em preservar e transmitir uma memória *ampliada*: as utopias e as incoerências, os fracassos e os novos começos, a esperança fundada em uma promessa. Na próxima parte – a última de nosso itinerário –, veremos de que maneira Jesus de Nazaré assume, realiza e radicaliza todas as dimensões da utopia "gastronômica" de seu povo.

Mas antes, para concluir esta parte, voltemos às histórias do presente, pois a teologia profundamente prática e existencial que acabamos de revisitar não pode ser reduzida a histórias do passado. Ainda hoje, a relação diária de muitos judeus, crentes e não crentes, com sua tradição antiga sugere que "a Revelação bíblica também se apreende comendo"[52]. Por exemplo: enquanto o ideal vegano dos poemas da criação não for alcançado, o abate de animais permanece bem codificado pela *schechitah*: um golpe muito preciso e letal, que pretende evitar a dor do animal que está sendo abatido. Para realizar essa função adequadamente, os homens autorizados a fazê-lo – os *schochatim* – devem ter mais do que uma habilidade técnica. Tolentino reproduz uma bela história para mostrar os outros fatores que entram em jogo nesse serviço:

> A um povoado chega um jovem carniceiro para substituir o ancião falecido. Tempos passados discutia-se assim na praça:
> – Que devemos pensar do novo carniceiro?
> – Cumpre o seu dever – respondeu um.
> – Sabem se ele reza as orações rituais? – inquiriu outro.
> – Sim, atesto que as reza – garantiu alguém.
> – E vela para que a lâmina da sua faca se conserve pura?
> – Sim, vemo-lo praticar isso com mil e mais mil cuidados – avançou um grupo, quase em coro.

---

52. LI, 147.

– Então por que se diz que o velho carniceiro era superior?
– Sabes, explicou um ancião, o que morreu purificava diariamente a lâmina com as próprias lágrimas[53].

Com esta história de uma profissão que toca tão de perto o elo entre a vida e a morte, não estamos mais no reino da simples normatividade. A atitude do velho açougueiro não poderia ser exigida de seu jovem substituto. No entanto, o grupo em questão não podia ignorar a diferença em seu compromisso com a realização desse serviço. Tanto ontem como agora, no antigo Israel ou em nossas sociedades contemporâneas, as lágrimas de uma pessoa empática e generosa também podem revelar algo precioso do mistério da vida e da fé.

---

53. LI, 149.

PARTE QUATRO

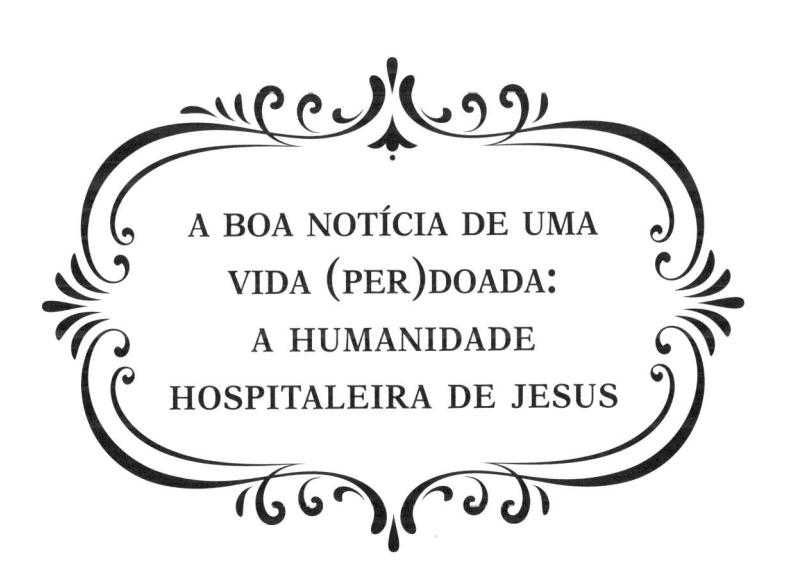

A BOA NOTÍCIA DE UMA VIDA (PER)DOADA: A HUMANIDADE HOSPITALEIRA DE JESUS

8
Um novo limiar para o humano: abrir-se à hospitalidade universal

A perspectiva *gastro-nômica* de nossa reflexão sobre o ser humano contemporâneo nos levou a uma abordagem *sui generis* da identidade culinária do Israel bíblico: as narrativas fundadoras, ao revelar uma espécie de utopia coletiva, podem expressar ou ocultar as inconsistências e feridas de uma história compartilhada. Após termos revisitado o relato da constituição do antigo Israel como um povo *singular em relação* com o mundo, com outras nações e com o seu Senhor, nesta última parte da releitura culinária de nossa vida à luz das Escrituras vamos nos dedicar a outro nível de questionamento sobre a constituição de uma pessoa singular: a contribuição que uma pessoa única pode oferecer para a realização da utopia de seu povo e para a superação de suas crises. Nesta etapa final de nossa peregrinação, abordaremos a humanidade de Jesus de Nazaré, aquele que, de acordo com a fé de seus discípulos e discípulas, foi até o fim na realização da utopia do antigo Israel – assumindo todas as consequências disso –, ao mostrar o caminho para cruzar um novo limiar de vida e de conexão com o céu e com a terra.

Depois de uma primeira abordagem sintética do "mistério aberto" que é a humanidade hospitaleira de Jesus – com atenção especial à sua relação com o Pai, à sua atenção dispensada aos sentidos corporais e às suas relações de amizade –, refletiremos sobre o significado existencial e teológico da comensalidade em sua vida, em seu ministério e na antecipação eucarística de sua morte e ressurreição. Por fim, examinaremos uma passagem específica do Evangelho de Lucas: a refeição de Jesus na casa de Simão, o fariseu. Graças à análise narrativa proposta por nosso biblista, descobriremos a maneira pela qual a estrutura literária desse episódio ilumina e densifica o mistério da identidade de um "único"[1]. Vamos em frente!

O humano à moda de Jesus: da normalização ao mistério aberto

Jesus de Nazaré não é de forma alguma uma personagem literária confinada a um passado distante. Tanto dentro quanto fora das comunidades de fé, ele continua sendo um assunto *vivo* que dá muito o que falar. Na introdução de um livro de fotografias intitulado *Os rostos de Jesus: uma revelação*[2], Tolentino faz uma espécie de inventário dos "rostos" apresentados pela exegese bíblica nas últimas décadas. Com uma

---

1. Uma observação: com exceção do livro *A construção de Jesus*, as obras de Tolentino não se concentram apenas nos Evangelhos. As propostas hermenêuticas desenvolvidas nesta parte de nosso livro, na maioria dos casos, são fruto de um jogo de perspectivas em relação às reflexões já apresentadas nos capítulos anteriores.
2. Cf. TOLENTINO MENDONÇA, J., Hipóteses para um rosto, em TOLENTINO MENDONÇA, J.; BELO, D., *Os rostos de Jesus. Uma revelação*, Lisboa, Temas e debates, 2013, 12-26.

variedade de métodos e hipóteses, Jesus é sempre abordado a partir de uma qualidade específica de sua identidade: um simples judeu (Gèza Vermes)[3], um judeu marginal (John P. Meier)[4], um profeta escatológico (E. P. Sanders)[5], um reformador social (Richard A. Horsely e Gerd Theissen)[6], um sábio (Elisabeth Schüssler Fiorenza e Ben Witherington)[7], um homem santo (Marcus J. Borg)[8], um visionário radical (Halvor Moxnes)[9], um filósofo itinerante (Burton Mack)[10], um camponês mediterrâneo (John Dominic Crossan)[11].

A figura de Jesus também continua presente além das fronteiras da literatura religiosa. Tolentino vê no surgimento de vários objetos literários relativos a Jesus – como *O código Da Vinci* – a manifestação de uma "necessidade de contar

3. Cf. VERMES, G., *Enquête sur l'identité de Jésus. Nouvelles interprétations*, Paris, Bayard, 2003; id., *Jesus, the Jew. A historian's reading of the gospels*, Fortress Press, Minneapolis, 1973.
4. Cf. MEIER, J. P., *A marginal Jew. Rethinking the historical Jesus*, Yale, Yale University Press, 1991-2009, 4 v.
5. Cf. SANDERS, E. P., *A verdadeira história de Jesus*, Lisboa, Notícias, 2004.
6. Cf. HORSLEY, R. A., *Jesus e o Império. O Reino de Deus e a nova desordem mundial*, São Paulo, Paulus, 2004; id., *Banditi, profeti e messia. Movimenti popolari al tempo di Gesù*, Brescia, Paideia, 2004; THEISSEN, G., *A theory of primitive Christian religion*, London, SCM Press, 1999.
7. Cf. FIORENZA, E. S., *As origens cristãs a partir da mulher. Uma nova hermenêutica*, São Paulo, Paulinas, 1992; id. *Jesus. Miriam's child, Sophia's prophet – Critical issues in feminist Christology*, New York, Continuum/SCM, 1994; WHITERINGTON, B., *Jesus the Sage. The pilgrimage of Wisdom*, Minneapolis, Fortress Press, 1994.
8. Cf. BORG, M., *Jesus. Uncovering the life, teachings, and relevance of a religious revolutionary*, San Francisco, Harper, 2006.
9. Cf. MOXNES, H., *Poner a Jesús en su lugar. Una visión radical del grupo familiar y el Reino de Dios*, Estella, Verbo Divino, 2005.
10. Cf. MACK, B., *A myth of innocence. Mark and Christian origins*, Philadelphia, Fortress Press, 1988.
11. Cf. CROSSAN, J. D., *The historical Jesus. The life of a Mediterranean Jewish peasant*, São Francisco, Harper, 1992.

histórias, de voltar à narratividade"[12], afastando-se de um registro prioritariamente dogmático. Esse fenômeno diz algo sobre a experiência da leitura: tanto no passado como em nossos dias, toda leitora e todo leitor têm "necessidade de acolher uma bela história, que fale à sua racionalidade, mas também ao seu coração e às suas emoções, que o prenda também pela dimensão simbólica e afetiva"[13]. De qualquer forma, tanto a pesquisa exegética quanto os romances de ficção são testemunhas de uma verdade: a vida de Jesus permanece "um mistério fascinante, ainda em aberto"[14].

Mas nosso autor chama a atenção para uma tendência identificável nessa literatura: ela tenta "normalizar" a pessoa de Jesus. Em sua legítima e esclarecedora intenção de contextualizar sua vida no mundo mediterrâneo do primeiro século, os narradores e narradoras ignoram a "grande novidade, desde os primeiros escritos cristãos: as rupturas que Jesus de Nazareth inscreveu no mundo do seu tempo"[15]. Mesmo em relação às propostas exegéticas, Tolentino, embora reconhecendo as contribuições fundamentais da investigação histórico-crítica, adverte: "Cada uma destas imagens tomadas isoladamente é insuficiente e traça um retrato de Jesus cheio de lacunas"[16]. E, dada a dificuldade de desenhar o retrato de Jesus, nosso autor estende a pergunta: "Não é assim cada rosto humano? Haverá objeto mais fugidio do que um rosto, qualquer rosto?"[17].

---

12. LI, 270.
13. LI, 270.
14. LI, 269.
15. LI, 269-270.
16. Tolentino Mendonça, Hipóteses para um rosto, 26.
17. Ibid., 11.

Quem quiser se aproximar da verdade viva de uma pessoa deve estar preparado para "enfrentar a lacuna, o fragmento e a impossibilidade de nomear. Mas aceitar lidar com essa dificuldade é compreender que, precisamente aí, se aloja a verdade mais viva do ser"[18]. Essa é a opção dos evangelistas. Eles tentam dar conta da singularidade de um homem, deixando sua história aberta à intervenção da multidão incontável de ouvintes, leitoras e leitores que encontrarão o testemunho contido nessas narrativas ao longo da história. Tolentino descreve a maneira como os Evangelhos contam a história de Jesus:

> Fazem-no de uma maneira que guarda imensas potencialidades de sentido. O fato de os evangelistas terem escolhido contar dessa maneira, utilizando o *suspense*, o dilema, a intriga progressiva – que solicita a intervenção do leitor –, quer dizer que encontrar Jesus é encontrar-se com uma história acerca de Jesus, [com] uma itinerância, e não [com] um Jesus já totalmente construído, que só temos que consumir[19].

O leitor e a leitora são chamados a acompanhar a aventura das personagens que se interrogam sobre Jesus: "[Elas] formulam hipóteses diversas, vigiam e espantam-se com os sinais, tentam construir, com as diversas informações trazidas pelos

---

18. Ibid., 27.
19. LI, 271. A esse respeito, Tolentino faz um alerta sobre as descobertas históricas: "Sem dúvida que é muito importante e ilumina o texto; não pode é substituí-lo. Recebemos estes quatro relatos. Herdamos um texto que a tradição sustém de uma forma crítica, que tem um sentido tal como está e não apenas nas suas descontinuidades. Aceitar o modo como é tecido e como desenha os personagens é um aspecto fundamental para a teologia". LI, 274.

episódios, o *puzzle* da revelação"[20]. A construção literária de Jesus de Nazaré pode, portanto, nos ajudar a aprofundar nossa compreensão do mistério da vida humana, particularmente em sua relação com os mistérios de Deus, do próprio corpo e da relação com os outros.

A vida como oração: uma nova filiação

Na época de Jesus, o judaísmo era formado por diferentes correntes: os fariseus, os saduceus, os essênios, os discípulos de João Batista etc. Segundo Tolentino, a oração expressava sua identidade de um modo privilegiado, pois servia "para assinalar pertenças, aproximar e distinguir"[21]. No entanto, mais do que uma expressão social e religiosa, as diferentes formas dessa comunicação íntima desvelam algo de nossa identidade humana: "Nós somos uma oração"[22]. Para justificar essa curiosa afirmação, nosso autor traça um paralelo entre a experiência universal do *ser* e da *linguagem* "que nos afasta absolutamente da solidão ou da autossuficiência", pois "nenhum de nós é origem de si"[23].

Tolentino compara algumas hipóteses científicas sobre a origem da linguagem. Em contraste com as chamadas teorias comunicativas e cognitivas – que consideram a linguagem como uma realidade primordialmente mental e racional –, ele adere à hipótese mais afetiva e sensorial apresentada por uma neuroantropóloga norte-americana, Dean Falk, em seu

---
20. CJ, 20.
21. PNT, 22.
22. PNT, 20.
23. PNT, 20.

ensaio *Finding our tongue: mothers, infants and the origin of language* [Encontrando nossa língua: mães, bebês e a origem da linguagem]:

> Ela propõe que cada um de nós [...] começa a utilizar os sons linguísticos não propriamente para comunicar ou pensar, mas para permanecer em contato com aquelas e aqueles que tomam conta de nós. As palavras são a verbalização do desejo que sentimos do outro em nós[24].

Se a oração é uma expressão linguística de nosso ser, ela representa "a construção inacabada e frágil que a vida faz da relação"[25]. Então, que significado podemos encontrar no fato de um ser humano chamar Deus de *Abba*, Paizinho? Provavelmente não nos damos conta disso em nossos dias, mas as pessoas que ouviram de Jesus esta forma de tratamento foram confrontadas com "um fato singular"[26]. Com a ajuda da reflexão psicológica moderna, Tolentino se interroga sobre as implicações desse tipo de tratamento. De acordo com ele, "o meu pai está fora e dentro de mim"[27], o que significa que ele é, de fato, outra pessoa, bem autônoma, com quem tenho uma relação, ao mesmo tempo em que se torna "aquilo que se chama de *imago*", ou seja, "uma espécie de representação psíquica, que nos oferece um modelo para cimentar a arquitetura interior"[28].

Nosso autor considera que essa escolha íntima é fundamental para o desenvolvimento de uma identidade pessoal.

---

24. PNT, 21.
25. PNT, 22.
26. PNT, 42.
27. PNT, 24.
28. PNT, 24.

Para conhecer bem alguém, "teremos de procurar aquele para quem a sua vida está secretamente voltada", pois "tudo depende desse que ele escolheu para si como pai"[29]. Dessa forma, entendemos algo importante sobre a maneira como os Evangelhos apresentam a formação da identidade de Jesus:

> [Jesus] não é um profeta, um legislador, um intermediário. É outra coisa: Deus é a sua *imago*, a fonte extraordinária e íntima que plasma e ilumina a criatividade messiânica das suas palavras e dos seus gestos... De certa maneira, o programa de Jesus é esta filiação, este entrosamento filial[30].

Mas esse "programa" de Jesus não estava fechado em um tipo exclusivo e excludente de relação com aquele que ele chamava de Pai. A oração que ele ensinou aos discípulos e discípulas expressava outro desejo: ele os convidava a seguir adiante com ele nesse caminho que lhes era desconhecido. Tolentino nos lembra que Jesus não ensinou essa oração aos seus seguidores e seguidoras no início de sua missão, mas depois de certo tempo de convivência: um tempo que lhes permitiu ver esse homem "como um acontecimento absolutamente novo"[31]. O convite feito às discípulas e discípulos leva, portanto, ao caminho que ele tomou para "aceder a um limiar novo de Deus e da nossa humanidade"[32].

Essa certamente não foi uma experiência fácil para esses homens e mulheres que seguiram Jesus, porque não era possível cruzar esse "limiar" sem abandonar a segurança de sua

---
29. PNT, 26.
30. PNT, 43.
31. PNT, 30.
32. PNT, 30.

identidade e autocompreensão anteriores. Para trilhar esse caminho inédito, cada um deve "deixar pai e mãe", independentemente da qualidade dessas relações fundantes que nos constituíram como pessoas:

> Podemos ter tido experiências familiares negativas ou extraordinariamente positivas. Podemos ter padecido dificuldades ou ter recebido só alegrias. Isso não conta demasiado, porque, quem fez uma experiência ou outra, é igualmente chamado a deixar pai e mãe para descobrir este Deus que é Pai, e descobri-lo no fundo de si mesmo[33].

Portanto, é significativo que a oração ensinada por Jesus proponha uma nova relação com Deus: ele é *nosso* Pai. Para nos ajudar a ver mais claramente a novidade dessa relação, Tolentino chama nossa atenção para outra dimensão dessa oração: enquanto "Pai" é a primeira palavra e o coração pulsante dessa oração, a última palavra proferida – para implorar a libertação – é "mal". De acordo com Tolentino, a explícita menção ao mal já significa uma vitória, porque, "não raro, ele aparece-nos sob a forma de aporia, de lugar onde o pensamento e a linguagem entram em colapso"[34]. Mas a própria construção retórica da oração lança uma luz sobre o enigma do mal: se ele é nomeado "no extremo da distância do Pai, na frase mais remota, então o Mal, de certa forma, é o anti-Pai. É aquilo que mais se opõe ao Pai"[35]. Portanto, se o projeto de vida de Jesus deve ser entendido a partir de sua relação filial com o *Abba*, o Deus transcendente e próximo,

---
33. PNT, 37.
34. PNT, 142.
35. PNT, 142.

também devemos considerá-lo à luz de sua batalha contra esse anti-Pai. Jesus não foi poupado da tentação. Dois evangelistas descrevem como ele superou, no início de sua missão, uma tripla provação[36]. De acordo com Tolentino, as três grandes tentações apresentadas nesses Evangelhos "resumem o que Jesus foi sofrendo e, ao mesmo tempo, sinalizam íntimas turbulências que são comuns à condição humana"[37]. O que está fundamentalmente em jogo aqui é a maneira pela qual somos – ou não – capazes de corresponder aos dons que recebemos. Enquanto os pais e mães da antiga Aliança, em sua jornada pelo deserto, "mesmo perante os dons de Deus, estavam sempre a negá-lo, afundados na sua falta de confiança, Jesus vai viver numa relação sincera, total, doada, entregue"[38].

O teólogo português resume essas três tentações fundamentais recorrendo a três noções: o materialismo, o providencialismo e o absolutismo. Na atitude materialista diante da vida, as pessoas querem se alimentar "unicamente do material, fazer disso a finalidade da existência, esquecendo a vocação transcendente do Ser Humano. Idolatrar a matéria, e nessa vertigem substituir o próprio Deus"[39]. O providencialismo é quase o extremo oposto, porque envolve "o esquecimento da vocação humana, o alienar da nossa responsabilidade pela história, confundindo a relação de Deus com um providencialismo fantasioso e mágico"[40]. Quanto ao absolutismo, em uma

---

36. Cf. Mateus 4,1-11 e Lucas 4,1-13. Marcos fala da tentação sem precisar o conteúdo. Cf. Marcos 1,12-13.
37. PNT, 133.
38. PNT, 133.
39. PNT, 134.
40. PNT, 134.

perversão do dom, ele nos leva a "tornar o nosso poder um ídolo, qualquer que ele seja. Fazer do domínio e da posse a fonte de felicidade. Resumir aí o horizonte de significação da vida"[41].

Nosso autor enxerga ainda uma última tentação fundamental, mais sutil e mais violenta, que surgiu com força no final da vida de Jesus. Essa quarta tentação é "a que mina radicalmente a confiança. É o assalto aos alicerces, a implosão pelo niilismo e a descrença. Nada vale. Em nada podemos confiar"[42]. Para expressar a profundidade dessa tentação – bem como sua superação –, Tolentino comenta o grito do salmista, atribuído ao próprio Jesus na cruz: "Meu Deus, meu Deus, por que me abandonaste?" (cf. Mt 27,46):

> Jesus afronta não apenas o silêncio dos homens, mas também o aparente e inexpugnável silêncio de Deus. A cruz desconcerta como uma aporia intransigente. Somos chamados a contemplar o mistério de Deus e o do Homem, no mais devastador dos silêncios que o mundo conheceu. Com a sua morte, Jesus desceu a abraçar todos os silêncios, mesmo aqueles abissais, mesmos aqueles longínquos, para dizer a vida como possibilidade de infinito[43].

A resposta de Jesus a todas essas tentações passou por sua atitude filial em relação à vida terrestre. Os evangelistas mostram Jesus como alguém que viveu, até o fim, uma vida de *filho*. O que isso quer dizer? Isso significa que "em cada momento, em cada gesto, em cada atitude, em cada escolha... Deus era Deus nele. A fidelidade ao Pai permitiu-lhe [...] reinventar a

---

41. PNT, 134
42. PNT, 136.
43. PNT, 137-138.

nossa humanidade tantas vezes bloqueada precisamente nestas tentações"[44]. É por isso que o convite de Jesus para entrar em seu jeito de viver uma vida filial também implica o acesso a uma nova forma de presença espiritual. A presença libertadora do *Abba* em sua vida é o oposto da presença dominadora representada pelo demonismo antigo:

> É toda outra a natureza da pessoa e do ministério do Senhor. Ele não veio substituir uma opressão por uma diferente, ou colocar um demonismo novo no lugar do antigo. Veio sim libertar, informar de nova vida, salvar, criar uma realidade onde todas as possibilidades existenciais convirjam na plena realização da pessoa[45].

Isso abre – entre a respeitosa proximidade do Pai e o libertador afastamento do mal – um "espaço" para o que a fé bíblica chama de "Reino de Deus". O advento desse Reino – a Vida de Deus nas entranhas da criação – nos liberta do "labirinto de espelhos da ética retributiva" graças à revelação de "outro rosto [o do Pai], para que, no olhar de amor que Deus nos dedica, o rosto do homem resplandecesse de vida"[46]. Se a filiação está no coração da identidade de Jesus, o Reino de Deus é o centro de sua missão:

> O Reino de Deus não é descrito conceitualmente, mas em chave narrativa. O que podemos dizer é que ele é inseparável de Jesus, deste *agora* da salvação de Deus, deste *transbordar*

---

44. PNT, 135.
45. LI, 219.
46. LI, 220.

da sua graça na história. É inseparável deste *rasgar* da história aos pobres e infelizes, deste *bálsamo* derramado aos corações quebrantados, desta *palavra* de alento aos que já não esperavam nada. Desde *aproximar* de vidas concretas à possibilidade da salvação de Deus[47].

É assim que a vida-oração-missão de Jesus – passando também, como veremos mais adiante, pelo pão e pelo perdão – propõe o despertar de uma *vida nova* no próprio coração da condição limitada e mortal de nossa já antiga humanidade. Esse é um convite sem precedentes que subverte nossa compreensão do ciclo da vida: como já estamos acostumados à repetição da passagem da vida para a morte, "o contrário, o passar da morte à vida, é que nos faz estremecer, pois constitui uma ruptura qualitativa imprevista"[48]. Esse dom do Reino também exige "um labor, um esforço que requere uma pacífica, mas ativa, violência"[49], porque pressupõe a liberação, em nós, do desejo de nascer de novo, do alto (cf. a conversa de Jesus com Nicodemos, em Jo 3,1-21). Se esse desejo não for liberado, essa humanidade nova não poderá nascer em nós: "Mesmo que o tempo seja novo, continuaremos envelhecidos"[50]. O acesso à vida do Reino não pode ocorrer sem a livre adesão de cada pessoa[51]: é isso o que o Evangelho chama de fé.

---

47. PNT, 81.
48. LI, 215.
49. PNT, 84.
50. MI, 60.
51. Fazendo referência ao *fiat* de Maria, Tolentino formula a questão: "Será que a nossa vida se pode dividir em dois segmentos: antes e depois de dizermos este 'Faça-se'?". PNT, 92.

Uma carne que crê: a "poética somática" da fé

O convite de Tolentino para voltar à dimensão sensorial da vida humana, a fim de receber dela alguns ensinamentos, também se aplica à vida de Jesus e à fé de quem se aproximou dele. Embora seja importante voltar continuamente às suas palavras, é igualmente necessário deixar-se impactar por seus gestos e seu modo de viver na carne, porque a expressão do corpo por meio de gestos constitui, "como diz Greimas, 'um mecanismo complexo que reúne, graças à sua mobilidade, as condições necessárias à produção de desvios diferenciais do significante'"[52]. Essa comunicação corporal refere-se ao que nosso autor chama, usando a expressão do teólogo francês Jean-Pierre Manigne, de uma "poética somática":

> Quando se fala, por exemplo, da poética de Jesus, deve-se, sem dúvida, falar das parábolas e dos ditos de Jesus, mas igualmente considerar a sua poética somática: poética do corpo real e do corpo simbólico, poética do coração, poética do olhar, poética do gesto. A filiação divina revelou-se num *pathos* humano concreto, que não deve ficar na sombra[53].

Com exceção do sentido do paladar – que será tratado no próximo capítulo –, mencionaremos brevemente alguns exemplos da maneira como Jesus acolhe a fé de outras pessoas, prestando atenção à eloquência de seus sentidos corporais. Primeiramente, vamos "tocar" em alguns elementos da prática relacional de Jesus. As leitoras e leitores dos Evangelhos são

---
52. CJ, 39.
53. LI, 189.

levados a perceber a importância do sentido do tato em seu ministério messiânico. Em uma sociedade estruturada em torno de uma fronteira bem estabelecida entre o puro e o impuro, entre o pecado e a graça, um gesto caro a Jesus revela algo de sua identidade e de sua missão: ao contrário do fariseísmo, "que declarava a necessidade de uma cerca de pureza, Jesus vai tocar o intocável. Estende a mão àqueles que é proibido tocar"[54]. Mais do que isso: ele se deixa tocar pelas mãos das pessoas que sofrem e são condenadas ao ostracismo.

A esse respeito, Tolentino se refere a uma passagem do Evangelho segundo Lucas, em que um leproso se aproxima de Jesus e pede para ser purificado (cf. Lc 5,12). Nosso autor comenta: "[Ele] o faz, certamente, porque pressentia no profeta de Nazaré a abertura para tal"[55]. E Jesus, em resposta, toca-o (cf. Lc 5,13), porque "prefere incorrer no perigo da contaminação, desejando tocar a ferida do outro; querendo compartilhar, como só o toque compartilha, aquele sofrimento"[56]. Tanto nesse caso como, por exemplo, na passagem em que uma mulher em estado de impureza toca Jesus (cf. Lc 8,43-48), a cura vem por meio do sentido do tato: "[Eles são] tocados no sentido de encontrados, assumidos, aceitos, reconhecidos, resgatados, abraçados. Quando toda a distância se vence, o toque de Jesus reconstrói a nossa humanidade"[57].

Em segundo lugar, vamos "sentir o cheiro" do odor da vida anunciada por Jesus. Tolentino considera que "a descoberta da fé cristã é, se quisermos, também olfativa"[58]. Ele menciona,

---

54. MI, 47.
55. MI, 47.
56. MI, 47.
57. MI, 47.
58. MI, 94.

por exemplo, dois episódios em que as palavras dão lugar a um cheiro eloquente. O primeiro diz respeito à ação de uma mulher anônima que unge Jesus em Betânia com um valioso nardo (cf. Mc 14,3). Esse gesto silencioso revela que "há [...] uma intenção que o inesquecível odor do nardo perfuma"[59]. Ao contrário dos outros convidados, que consideraram esse gesto descabido, Jesus sente a fragrância do que a mulher queria dizer por meio de seu perfume: "'Praticou em mim uma boa ação': este comentário de Jesus deve sensibilizar-nos para a bondade daquilo que de outro ponto de vista parece unicamente um desperdício"[60]. Jesus sentiu o cheiro da fé dessa mulher, pois sabia que "as linguagens da fé são necessariamente plurais"[61].

O segundo episódio trata do itinerário de fé de Nicodemos, que vai das palavras a uma relação de profundo respeito com o corpo sem vida do Senhor. Nicodemos começa com uma conversa noturna com Jesus (cf. Jo 3), depois o defende perante o Sinédrio antes da crucificação (cf. Jo 7,51) e unge seu corpo com uma mistura perfumada de mirra e aloés no valor de cem libras (cf. Jo 19,39). Tolentino chama a atenção para o caráter generoso desse gesto:

> É claro que os judeus tinham a tradição de perfumar os mortos, mas em quantidade suficiente, não com aquele esbanjamento de dinheiro. Esse apego ao corpo de Jesus, esse cuidado, esse excesso são a sua oração. O perfume da sua própria fé[62].

Em terceiro lugar, iremos "ouvir" a atenção que Jesus deu à audição em seus encontros. Como todo bom judeu, ele foi

---
59. MI, 94.
60. MI, 94-95.
61. MI, 94.
62. MI, 99.

ensinado a rezar o *Shemá Israel*: Escuta, Israel... Mas, nos Evangelhos, outro refrão aparece repetidamente na boca de Jesus: "Quem tem ouvidos, ouça". Jesus se permitiu ser tocado e perfumado, mas também esperava ser ouvido. Vejamos duas passagens exemplares. A primeira, muito afetiva, diz respeito à sua visita a Marta e Maria (cf. Lc 10,38-42). A resposta de Jesus à exigência de Marta – que sua irmã deixasse o hóspede para ajudá-la em seu serviço – revela o tipo de hospitalidade que ele estava procurando em ambas. De acordo com Tolentino, "o conhecimento decisivo provém da escuta, e esta é a forma de hospitalidade de que mais precisamos"[63].

A segunda passagem é a da Transfiguração, em que uma voz vinda do céu convoca os discípulos a escutar Jesus. Em um momento em que a confiança deles é abalada pelo anúncio da paixão, o que esse apelo pode significar? O que significa a escuta em um contexto como esse?

É a experiência que vai arrancar do coração dos discípulos o escândalo da cruz. Não há fé que não nasça da escuta, de uma escuta profunda, de uma escuta até o fim. A escuta é o espaço onde Jesus pode atuar, curando-nos do nosso temor[64].

Por fim, "veremos" a importância da visão no encontro com Jesus. O Evangelho inteiro dá testemunho de uma pedagogia "que converte o nosso olhar e nos permite passar, progressivamente, a um nível mais profundo de compreensão"[65]. Os episódios de cura de pessoas cegas são um sinal disso.

---

63. MI, 108.
64. MI, 111.
65. MI, 136.

Tolentino chama a atenção para um caso específico: o único cego curado em duas etapas nos Evangelhos (cf. Mc 8,22-26). Sua fé também se manifestou por meio de uma relação sincera com sua visão falha. Nosso biblista o elogia: "A autenticidade desse homem, que reconhece: 'estou vendo mal', 'vejo os homens como árvores', cria a oportunidade para que ele seja curado e venha a olhar com clareza"[66].

Além da cura da cegueira espiritual ou física, Tolentino dá atenção a outro tipo de experiência expressa pelos olhos: a das lágrimas. Essas manifestações são importantes porque, de acordo com nosso autor, "as lágrimas que os olhos derramam são um traço tão pessoal como o olhar, ou o mover-se, ou o amar. São um mapa íntimo"[67]. Ele recorda a força do testemunho evangélico das lágrimas: as de Jesus (cf. Jo 11,35 – por ocasião da morte de Lázaro – e cf. Lc 19,41 – diante de Jerusalém); as de Pedro (cf. Mt 26,75 – depois da negação); as das mulheres de Jerusalém (cf. Lc 23,28 – a caminho da cruz); as da mulher anônima durante uma refeição (cf. Lc 7,36-50 – mostrando sua gratidão a Jesus)[68].

Esses poucos exemplos *sensoriais* também nos dizem algo sobre a identidade de Jesus. Sua relação filial e íntima com o *Abba* se desdobra em uma relação *encarnada* com os outros. A fórmula joanina – a Palavra se fez carne (cf. Jo 1,14) – já anunciava um paradoxo. Por um lado, temos o *logos* grego (evocando a *dabar* semítica), marcado pela imaterialidade; por outro lado, temos a *sarx*, a dimensão mais material e afetiva da existência humana. Tolentino explica a semântica associada a

---
66. MI, 135.
67. MI, 146.
68. Cf. MI, 146.

essa última palavra: ela indica uma "realidade íntima, a sensibilidade e a turbulência do corpo, as suas profundezas e declives, o seu quase insustentável, quer se fale de contentamento ou de dor"[69]. De fato, a fé cristã exige um envolvimento radical na realidade carnal de nosso mundo:

> Deus é cúmplice da afetividade: onipotente e frágil; impassível e passível; transcendente e amoroso; sobrenatural e sensível. A mais louca pretensão cristã não está do lado das afirmações metafísicas: ela é simplesmente a fé na ressurreição do corpo[70].

A maneira como Jesus devolve a vitalidade à carne e aos sentidos é, portanto, uma dimensão incontornável na transmissão de sua Boa Notícia. Mas o que ele está buscando nesses encontros tão sensoriais e "encarnados"? O que ele deseja suscitar em seus interlocutores e interlocutoras?

Em busca de irmandade: a gratuidade de uma amizade

Além de anunciar esse "evangelho dos sentidos", a vida de Jesus é inteiramente marcada por um dinamismo de abertura trinitária, esse "movimento expansivo e inclusivo de Deus"[71]. Seu ministério revela uma característica central de sua identidade: "Ele foi exatamente Aquele que não se quis salvar sozinho,

---
69. LI, 129-130.
70. MI, 28.
71. MI, 53.

mas com os outros. Quis doar-se; não pretendeu entrar sozinho na Glória"[72]. Como vimos a respeito da oração ao Pai e da referência aos sentidos corporais, Jesus busca introduzir as pessoas que encontra "numa dimensão existencial e prática" para dar-lhes "acesso a uma experiência filial"[73]. Ele, reconhecido pela fé cristã como o "Filho Unigênito", é também o "Primogênito", aquele que anseia pelo (re)nascimento de incontáveis irmãos e irmãs, a quem ele oferece sua amizade.

Uma leitora ou leitor dos Evangelhos não terá dificuldade em reconhecer que "Jesus teve amigos, e a amizade foi um marco na construção do seu caminho"[74]. Seja a longo prazo – como a amizade entre Jesus e Lázaro –, seja em uma amizade improvável no exato momento em que a vida se esvai – como a amizade entre Jesus e o chamado "bom ladrão" –, Jesus revela sua capacidade de levar cada pessoa "a fazer do obstáculo uma oportunidade para o encontro"[75]. Ao longo de seu ministério, ele vive as relações de amizade como "um lugar onde, de forma misteriosa, o 'hoje' da salvação se constrói"[76].

O desenvolvimento de uma amizade com Jesus está no centro da experiência e da teologia do Evangelho segundo João. Por um lado, o evangelista dá testemunho do modo como Jesus convida as pessoas próximas a passarem gradualmente de uma posição de "servos" ou mesmo de "discípulos" para a de "amigos", porque "é o próprio seguimento de Jesus que pede que [as palavras antigas] sejam suplantadas"[77]. Por outro lado, esse

---
72. PNT, 49.
73. PNT, 46.
74. NCL, 63.
75. NCL, 129.
76. NCL, 71.
77. NCL, 67.

Evangelho é ritmado por referências a um discípulo amado, que estabelece uma profunda relação de amizade com o Senhor:

A intervenção do discípulo amado liga-se, assim, a um eixo profundo da teologia de João que considera ser através da amizade que nós compreendemos Jesus e nos avizinhamos dele. A posição do discípulo amigo, no interior do grupo, em nada fere o papel protagonista que Pedro tem: Pedro é o primeiro dos Doze. Mas, em várias ocasiões, Pedro só penetra o segredo de Jesus quando usa a mediação do discípulo amigo[78].

No próximo capítulo, examinaremos alguns exemplos da manifestação de amizade de Jesus para com os outros, no contexto da comensalidade. Aqui, queremos concentrar nossa atenção na reflexão de Tolentino sobre o fracasso de uma amizade, que revela paradoxalmente o tipo de relação que Jesus queria estabelecer com aqueles que cruzavam seu caminho. Trata-se da amizade entre Jesus e Judas, o homem que o traiu. Essa relação possui uma forte densidade simbólica, pois, "em hebraico, Judas significa 'o predileto'"[79]. Como o escândalo dessa traição é muito forte, foram criadas várias estratégias ficcionais no passado e no presente para contorná-lo[80].

---

78. NCL, 65. Tolentino comenta este procedimento literário: "O fato de esse discípulo ter permanecido anônimo estabelece um jogo muito envolvente com o leitor. O Evangelho é lido a partir do olhar do discípulo amigo, e, simbolicamente, o leitor assume a sua visão, a sua atitude e o seu lugar". NCL, 66.
79. NCL, 180.
80. Tolentino faz referência, aqui, às explicações do Evangelho gnóstico de Judas e do romance *A última tentação de Cristo*, de Nikos Kazantzakis. Cf. NCL, 179-180.

Os evangelistas também tentam entender o enigma dessa amizade rompida. O beijo de Judas, conforme narrado por Lucas, aumenta a indignação diante de seu gesto: "É como se o escândalo redobrasse por esta manipulação indevida da gramática que serve à expressão da amizade e do afeto"[81]. Quanto a João, ele antecipa o que será, para ele, o motivo da traição de Judas: "Devorado pela ganância, desviava em proveito próprio o fundo comum do grupo"[82]. Tolentino chama a atenção para o comportamento antitriunfalista de Jesus em Jerusalém, bem diferente de suas ações na Galileia. De acordo com o biblista, esse comportamento pode ter feito com que os discípulos e a multidão sentissem "como que *traídas* as suas expectativas"[83]. Os evangelistas situam a decisão de Judas durante a refeição pascal, em Jerusalém. Uma informação existencial e teológica importante é revelada aqui:

> É a traição de uma traição que determina o seu gesto. Que, da sua parte, tudo fique decidido durante a Última Ceia, evidencia bem a densidade do desfecho: quando, no partir e repartir do pão, Jesus anuncia que aceita viver a sua morte como dom, Judas considera isso intolerável. Ele não quer um Messias que morre. E abandona a sala. Numa nota que vai muito além da mera cronologia, o Evangelho de João comenta: "Fazia-se noite" (Jo 13,30)[84].

---
81. NCL, 184. Cf. Lucas 22,47-48.
82. NCL, 185. Cf. João 12,1-6.
83. NCL, 186.
84. NCL, 186. Tolentino explica o sentido simbólico desta "noite": "A noite para a qual a traição nos empurra é a do mistério do mal. Noite de divisão radical, de desapossamento do sujeito, de invasão confusa da treva que torna cada um de nós joguete de paixões destrutivas. Os textos

Judas entra em um relacionamento ternário (com Jesus e com o Sinédrio), mas em uma dinâmica essencialmente antitrinitária. Ele permanece "de forma premeditada nesse ambíguo sistema a três, em seu suposto benefício, em que nenhuma verdade permanece estável, e um relativismo generalizado triunfa ao sabor dos oportunismos"[85]. O que Judas rejeita é a nova visão de Deus apresentada por Jesus – ele não é um Pai poderoso, mas "um Deus inútil, um Deus revelado no extremo do abandono e da fragilidade do seu Messias"[86]. Ele também rejeita, em última análise, "essa impotência para 'salvar-se a si mesmo'"[87]. Mas o caminho de amizade proposto por Jesus implica avançar em direção a uma gratuidade radical diante do mistério do outro. O desafio que Judas não conseguiu superar é semelhante ao desafio de toda vida espiritual:

> O grande desafio da espiritualidade cristã inscreve-se precisamente nesta viragem de atitude, nesta conversão: mais do que aquilo que Deus nos dá temos de aprender a valorizar a profundidade e a intensidade da sua presença: "Tu estás sempre comigo, e tudo o que é meu é teu". Tudo se joga numa relação gratuita, e não num vaivém interesseiro. Esta é a diferença decisiva em relação ao quadro tradicional do fenômeno religioso[88].

---

descrevem-na com sobriedade, sem muitas explicações. Dizem simplesmente que uma noite assim existe, que nos atropela como uma avalanche, e que, mantendo a responsabilidade pessoal pelos nossos atos, nós agimos esquecendo-nos do que somos". NCL, 187.
85. NCL, 187.
86. NCL, 193.
87. NCL, 193. Cf. Mateus 27,42.
88. NCL, 193.

Enquanto essa gratuidade ainda não está madura, Jesus aceita e acolhe as amizades parciais dos mais próximos e até mesmo o beijo amargo de Judas. De acordo com Tolentino, ao acolher esse beijo, Jesus silenciosamente oferece a Judas uma declaração final: "Que ele não está só, que o escuta, que partilha com ele o seu destino, [...] que lhe oferece a sua vida roubada, que lhe oferece a vida, e, por isso, aceita o seu beijo"[89]. Permanecer no dom, mesmo em meio à traição, à violência e à proximidade da morte: eis o caminho aberto por Jesus para derrubar todas as barreiras que pareciam impossibilitar uma irmandade universal. Esse gesto extremo não é um caso isolado: é o cumprimento da escolha de toda uma vida-oração-missão encarnada e aberta, manifestada de maneira privilegiada em torno da mesa da humanidade. É esse o mistério que examinaremos agora com atenção e reverência.

---

89. NCL, 183.

9
Cumprir a utopia de um povo: uma comensalidade fecunda

As palavras e os gestos de Jesus, conforme contados nos Evangelhos, são um convite a viver uma nova hospitalidade que dá acesso a um vínculo filial com Deus, no "hoje" da carne e na expansão de uma gratuidade relacional por meio de amizades improváveis. A especificidade do ministério de Jesus contrasta com a pregação e as ações de outros mestres do judaísmo antigo. De acordo com Tolentino, para compreender o que Jesus significou em seu contexto, é necessário considerar a "crise de autoridade em que o judaísmo do seu tempo se debatia, ameaçado por uma aculturação ao mundo greco-romano"[1]. Então, como esse mestre de Nazaré exerceu sua autoridade?

A expressão de sua vitalidade desenha-se na utilização eficaz das circunstâncias, mesmo as informais e sem regulação sistemática. Não é um ensino sinagogal ou ligado à vivência do sábado, e, se quisermos fixá-lo numa determinada geografia

---
1. CJ, 120.

social e religiosa, verificamos que ele é indefinível, pois o seu horizonte são as situações de vida. Jesus é um mestre de natureza diferente. É no plano da transformação das vidas que Jesus trabalha diretamente[2].

Dentre as circunstâncias da vida que estão no horizonte de Jesus, uma prática humana específica ocupa o centro de sua atenção: as refeições. Segundo Tolentino, a memória das refeições é estruturante na dinâmica dos Evangelhos, "a ponto de se dizer que ali Jesus ou está a dirigir-se para uma refeição, ou está numa refeição, ou vem a chegar de uma refeição"[3]. Para nosso biblista, isso não é nada surpreendente, pois, como em toda refeição compartilhada, essa comunhão à mesa coloca Jesus "numa situação simbólica cheia de implicações para a revelação da sua identidade e missão"[4].

Embora seja verdade que, de um ponto de vista literário, esse tipo de relato se aproxima da literatura greco-romana, os Evangelhos o colocam "a serviço de uma inédita realidade teológica"[5]. Então, como podemos explicar o relativo silêncio sobre o tema crucial da refeição na transmissão catequética eclesial? Tolentino explica isso em termos de "memória seletiva" e de certo modelo interpretativo sobre a singularidade de uma pessoa:

---

2. LI, 135.
3. LI, 152. Para Tolentino, isso se vê, especialmente, no Evangelho segundo Lucas: "Há particularmente no relato de São Lucas uma reconhecida insistência neste motivo: numa série de passagens típicas de Lucas, ou por ele reelaboradas, indica-se que é esse o enquadramento da ação". LI, 152.
4. LI, 161. Um teólogo norte-americano foi ainda mais longe: "Chegando o teólogo Robert Karris a defender recentemente que, no Evangelho de Lucas, Jesus foi crucificado pela forma como comia". LI, 153.
5. LI, 163.

São outras as imagens que triunfaram na comunicação catequética de Jesus: o Jesus dos milagres, o contador de parábolas, o Mestre que transmitia a sabedoria do Reino, o Profeta-Messias de Deus... A memória eclesial, seletiva como todas as memórias, preocupada em afirmar a singularidade de Jesus, como que se prendeu a detectar o extraordinário, nos seus gestos e palavras. O material narrativo do relato evangélico, aquele talvez mais ligado à construção de um quadro ordinário de vida, era considerado um elemento subsidiário, que jogaria um papel menos incisivo do ponto de vista teológico ou menos fiável do ponto de vista histórico. Por alguma razão, aquilo de que falamos quando falamos de Jesus não é imediatamente das refeições e da comensalidade que ela mantinha[6].

É hora de "saborear" o que, de acordo com Tolentino, está no centro da hermenêutica singular de Jesus: para esse "camponês do Mediterrâneo", "a história encontrava-se com o Reino de Deus no limiar mais desconcertantemente profano: o trânsito entre a cozinha e a mesa"[7]. Veremos como Tolentino explicita esse "trânsito", essa circulação nutritiva e cheia de sabores: primeiro, examinaremos a relação dos Evangelhos com a cozinha; depois, daremos atenção à presença de Jesus em algumas refeições; por fim, chegaremos, com reverência e discrição, a uma compreensão existencial do sentido eucarístico de sua – e de nossa – vida.

---

6. LI, 152.
7. LI, 156.

Um pouco antes da refeição: o olhar voltado para a cozinha

Embora seja verdade que as refeições ocupam um lugar de destaque nos relatos dos Evangelhos, é curioso que não encontremos neles nenhum ensinamento sobre um cardápio específico. De acordo com Tolentino, a leitura dos Evangelhos, na verdade, nos torna "capazes de organizar um banquete: quem devemos prioritariamente convidar, onde nos devemos sentar, qual deve ser a nossa atitude etc."[8]. É por isso que não temos muitas informações sobre a relação de Jesus com a cozinha. Ainda assim, nosso biblista se pergunta: "Será que Jesus foi à cozinha? Será que falou e pensou na cozinha como lugar desta memória invisível, indizível, transformante que cada homem e mulher transportam?"[9]. Ele destaca dois episódios do Evangelho que revelam a maneira como Jesus entendia esse tempo de preparação de uma refeição: a visita a Marta e Maria, que já mencionamos (cf. Lc 10,38-42), e um almoço com os discípulos após a ressurreição (cf. Jo 21,1-14).

A visita de Jesus a Marta e Maria sugere qual é o olhar de Jesus sobre a cozinha. Por um lado, a cozinha "pode ser apenas o lugar do fazer, do serviço, da satisfação de necessidades, da rotina"[10]. Por outro lado, também pode ser um lugar de descoberta: Jesus convida Marta a descobrir a si mesma em sua cozinha. Ela precisa aprender que "nem sempre é evidente a relação entre o ter de dar, ter de servir e o dar e o servir realmente"[11]. Esse episódio sugere que Marta provavelmente não

---

8. NCL, 84.
9. NCL, 83.
10. NCL, 85.
11. NCL, 85.

havia estado inteiramente presente diante da dádiva que era seu hóspede:

> Jesus tem um olhar crítico para o modo como Marta vivia o seu estar na cozinha. Esse é descrito pelo narrador lucano, que normalmente é muito preciso, como um "andar atarefado com muitos serviços" e distanciado do hóspede. Querendo arregimentar nesse serviço a própria irmã, Jesus critica essa atitude do fazer, que não dá espaço àquilo que é a única coisa necessária: o acolhimento do dom, estar atento ao dom, o dom daquele hóspede[12].

No entanto, a resposta de Jesus deixa o enigma em aberto, pois, ao afirmar a necessidade de "uma única coisa", ele não revela o que é. Para Tolentino, essa abertura funciona como um "mapa" para entendermos que "só nós poderemos esclarecer o enigma, e que o vamos fazendo de maneiras diferenciadas ao longo da nossa existência"[13]. Essa multiplicidade de respostas aparece no encontro de Jesus com Marta, Maria e Lázaro no Evangelho segundo João (cf. Jo 12,1-11). O hóspede Jesus está no centro da atenção dos três, mas cada um demonstra sua deferência à sua própria maneira:

> Lázaro está sentado à mesa, acompanhando Jesus, talvez na conversa. Marta está rematando os últimos preparativos do que chegará à mesa. E Maria perfuma os pés de Jesus. Os gestos de Maria, que observamos mais de perto, tornam o ordinário (o ato de lavar os pés empoeirados do hóspede)

---

12. NCL, 85.
13. MI, 75.

em extraordinário. O mais cotidiano dos sinais enobrece-se pela gratuidade do dom, pelo excesso de amor mais precioso que o nardo mais precioso. Há uma necessidade que já não é da ordem da sobrevivência, mas que está do lado da vida plena, da vida que se expande[14].

O outro episódio ligado à cozinha – a verdadeira última refeição de Jesus com os discípulos, no Evangelho segundo João (cf. Jo 21) – também testemunha um excesso que vai além da sobrevivência, como um convite a entrar em uma plenitude de vida. Essa passagem intrigante cruza duas histórias distintas, uma iluminando a outra. Por um lado, é a história "de uma faina falhada resolvida por Jesus em abundância"; por outro, temos a história mais silenciosa de "um amigo que na margem daquela noite, daquele amanhecer, na margem daqueles dias difíceis, de crescimento, que são os dias da Páscoa, prepara peixes e pão para oferecer"[15]. Tolentino vê na relação entre essas duas histórias entrecruzadas uma verdade que se manifesta na preparação de uma refeição: "É necessário que a faina, o labor, a necessidade de pescar os 153 grandes peixes não impeçam o maravilhamento e o desejo de receber"[16].

Na verdade, além da grande quantidade de peixes que os discípulos pescam após a palavra desse homem ainda anônimo, o que se torna importante na narrativa é "o peixe único que Jesus virou sobre as brasas naquele amanhecer"[17]. A profunda simplicidade dessa passagem faz eco ao ensinamento de Jesus na casa de Marta e Maria: nem a alegria de uma pesca

---
14. MI, 98.
15. NCL, 86.
16. NCL, 86.
17. NCL, 87.

abundante nem a rotina da cozinha devem extinguir "o dinamismo do dom", porque o que importa é acolher aquilo que nos torna verdadeiramente únicos: "Sermos dom acolhendo o dom uns dos outros"[18]. É exatamente isso que Jesus faz ao se sentar à mesa com todos os tipos de pessoa.

À mesa da humanidade: tornar-se um hóspede de todos

Depois de revisitar brevemente esses dois episódios, que resgatam o sentido relacional do trabalho culinário, é hora de considerar as refeições – mais numerosas e reveladoras – das quais Jesus participa. De fato, "a mesa e a refeição tornam-se por excelência o lugar da memória, do encontro e da utopia cristã"[19]. Segundo Tolentino, essas refeições devem ser entendidas como "atos performativos", a realização prática do ousado projeto de vida de Jesus:

> Os Evangelhos contam-nos várias refeições, cujo sentido nós enfraquecemos lendo-as sobretudo pelo lado do milagre e do maravilhoso, que nos deixa despertos, mas não inquietos. Ficamos rapidamente saciados com o milagre. Esquecemos que as refeições são atos performativos de Jesus em que ele explicita a impertinência do seu projeto, colocando os que não podem estar juntos à volta da mesma mesa, estendendo num prado fraterno e igualitário uma multidão incontável de homens e de mulheres[20].

---

18. NCL, 87.
19. NCL, 83.
20. NCL, 84.

De acordo com os relatos dos Evangelhos, Jesus normalmente não é aquele que convida ou quem prepara as refeições. Em vez disso, ele é convidado por outros e se senta à mesa com pessoas pertencentes às várias categorias de seu povo. A esse respeito, Tolentino examina uma peculiaridade do Evangelho segundo Lucas, que conta que, "por três vezes, Jesus foi hóspede da mesa dos fariseus"[21]. Esse dado não é insignificante. Nosso autor lembra que, para os membros do movimento farisaico, "manter a pureza ritual em torno da mesa e da refeição, fugindo de todo o contato que os pudesse contaminar, é um ponto central"[22]. Entretanto, a concepção de uma distância necessária entre santidade e impureza não é específica da mentalidade farisaica. Esse princípio existencial e espiritual "parece ser um entendimento disseminado por todas as classes, e inclusive pelos próprios pecadores"[23].

Assim, o fato de Jesus ter sido convidado pelos fariseus para compartilhar a refeição atesta a gentileza, a atenção e a curiosidade deles em relação a Jesus[24]. Ao mesmo tempo, todos esses episódios são "dominados pela controvérsia, pois Jesus revela-se um hóspede inconveniente"[25]. A prática e o discurso de Jesus entram frequentemente em conflito com os valores dos membros desse partido. Por um lado, os fariseus, assim como os escribas, rejeitavam o ascetismo de João Batista. Mas, por outro lado, eles viam um perigo na prática de Jesus, que relativizava as regras de pureza ritual: para eles, o problema

---

21. NCL, 93.
22. CJ, 38.
23. CJ, 43. Tolentino faz referência a duas passagens lucanas que ilustram essa afirmação: Lucas 5,1-11 – o "afasta-te" de Pedro – e Lucas 19,1-10 – o afastamento de Zaqueu em relação a Jesus, que passava por sua cidade.
24. Cf. CJ, 18.
25. NCL, 93.

era que Jesus "comesse de qualquer maneira e com toda a espécie de pessoas"[26]. Além disso, todas as categorias de pessoas que um judeu praticante deveria manter longe de sua mesa – os pobres, os impuros e os gentios – eram, na prática de Jesus e em seus discursos, "impelidos, [...] obrigados a entrar no Banquete, exprimindo assim o triunfo da graça sobre a sua falta de preparação (cf. Lc 14,15-24)"[27]. Daí a conclusão de Tolentino sobre o papel narrativo dessas refeições:

> Os banquetes com os fariseus representam, no caminho de Jesus, não uma experiência de encontro, mas de confronto, porque Jesus e a sua missão não eram suscetíveis de ser absorvidos por aquela religiosidade fundamentada na exclusão[28].

Isso nos leva a outras mesas frequentadas por Jesus: as mesas dos pecadores públicos. Para Tolentino, os encontros com pessoas dessa categoria sociomoral são decisivos na construção literária de Jesus e na revelação da singularidade de sua identidade. O exegeta vê esses encontros como o mais importante "ponto de ruptura" da crise que Jesus provoca no judaísmo comum:

> Jesus era respeitado como mestre no seu tempo, na misericórdia para com os pobres ou nos sinais proféticos que fazia, os milagres. Não é esse o ponto de ruptura. No discurso de Lucas, [a ruptura] é a proximidade de Jesus com os pecadores e a maneira como ele não respeita o espaço dessa divisão

---
26. MI, 68.
27. NCL, 94.
28. NCL, 94.

social, mas acolhe a proximidade com os pecadores. Isso é absolutamente impertinente[29].

Que tipo de impertinência é essa? Como vimos, o banquete universal não foi anunciado pelos profetas como um grande ideal messiânico de Israel? A comensalidade de Jesus com os pecadores aproxima esse ideal futuro e o torna presente de uma forma sem precedentes: ele "reivindica para o seu hoje uma vivência religiosa que vá além do reforço da legalidade, promovendo que os excluídos regressem à amizade de Deus"[30]. Jesus não os "desculpabiliza" nem os aborda de forma abstrata, mas "vê os singulares integrados em situações históricas concretas que funcionam como ponto de partida para um verdadeiro encontro de amizade, que é sempre um encontro de transformação"[31].

A resposta de Jesus à pergunta dos fariseus – "Por que comeis e bebeis com os publicanos e com os pecadores?" (Lc 5,30) – revela a maneira como ele concebe seu ministério. Ao falar de uma urgência relacionada à vida – "Não são os que têm saúde que precisam de médico, mas os doentes" (Lc 5,31) –, Jesus mostra que "não se centra na luta pela abolição das normas em si, antes refere a emergência de uma necessidade superior"[32]. De fato, esse é o sentido profundo de sua missão: "Anunciar e concretizar o perdão de Deus"[33].

---

29. LI, 272.
30. NCL, 95.
31. NCL, 95. Tolentino comenta uma especificidade do texto de Lucas: "O tópico de Jesus, em Lucas 5,32, 'Eu não vim chamar os justos, mas sim os pecadores', com esse acréscimo tipicamente lucano, 'à conversão', explica bem que, na base do programa narrativo do personagem, está a transformação radical das situações". NCL, 96.
32. MI, 68-69.
33. MI, 69.

As instruções de Jesus ao enviar seus discípulos confirmam o que acabamos de ver e desvelam a transmissão de seu "método" desconcertante: *a singular manifestação de sua hospitalidade ocorre na acolhida – reveladora – da hospitalidade dos outros*. Seus discípulos e discípulas, portadores da Boa Notícia da proximidade do Reino de Deus, não devem levar bolsa nem sacola (cf. Lc 10,4). Deveriam ficar nas casas, *comendo e bebendo* o que lhes era *servido* (cf. Lc 10,7). Isso significa que eles não encontrarão o essencial para suas vidas e para seu anúncio na autossuficiência ou na esmola. Tolentino vê isso como um convite a experimentar a *passagem* possibilitada por quem escolhe viver como necessitado dos outros:

> A viagem destes primeiros discípulos representa a mais longa jornada do mundo greco-romano, ou talvez de qualquer mundo: a passagem pelo umbral da porta de um desconhecido. As regras de pureza e os códigos de honra, vitais na estruturação das sociedades mediterrâneas do I século, vão ser abalados pelo desenvolvimento das comunidades cristãs, que absorvem, numa prática fraterna, gentes e costumes das mais variadas procedências[34].

Assim, Jesus e seus discípulos e discípulas, ao aceitarem se tornar hóspedes de todos, não apenas perturbaram o sistema sociorreligioso de organização e coesão de seu povo, mas também ofereceram a todos uma experiência inédita da misericórdia de Deus: "Não são os pecadores que se convertem para assim alcançar misericórdia e perdão; os pecadores

---

34. LI, 156-157.

são alvos da misericórdia e convertem-se"[35]. O caminho escolhido e posto em prática por Jesus não denuncia apenas o projeto excludente de santidade dos fariseus, mas também "colide frontalmente com a teologia que o Templo patrocinava"[36]. Será que esses grupos religiosos e os líderes dessa poderosa instituição estariam dispostos a reconhecer seu papel mediador na irrupção do inédito na vida das pessoas, a fim de saborear a alegria da superação de mundos antigos? Como sabemos, a hospitalidade extravagante de Jesus tornou-se escandalosa e insuportável para eles. Por isso, rejeitando a entrega de si, optaram por se livrar desse hóspede incômodo, entregando-o à morte.

O dom eucarístico de si: entrar no "centro da vida do Reino"

É somente no contexto desse conjunto de refeições – ocasiões sempre abertas à comunhão ou ao conflito – que podemos entender o sentido da última refeição pascal da vida terrestre de Jesus. No entanto, essa refeição tem sua própria e singular "gramática". Tolentino lembra uma das últimas palavras de Jesus no Evangelho segundo Lucas: "Tenho desejado ardentemente comer convosco esta ceia pascal, antes de padecer" (Lc 22,15). Nosso autor chama a atenção para a escolha

---

35. MI, 69.
36. MI, 69. Em relação ao modo como Jesus coloca o Templo único de Jerusalém em crise, Tolentino afirma: "Ao apresentar-se, na comensalidade amigável com os pecadores, como 'aquele que perdoa' os pecados, Jesus reivindica a superação do Templo. De certa maneira, os ritos do Templo perdem a sua eficácia. Só quem encontra Jesus é tocado por uma fé que salva (cf. Lc 17,19)". NCL, 97.

das palavras usadas para expressar os sentimentos de Jesus: "É interessante o verbo que utiliza, 'desejei', porque a refeição está ligada ao desejo"[37]. Então, qual é o desejo específico manifestado nessa última refeição?

Tolentino descreve a refeição eucarística, conforme relatada por Lucas (cf. Lc 22,19-29), como o "centro da vida do Reino de Deus". Isso significa que essa última refeição "condensa, em torno de uma mesa, o inteiro destino do Senhor, como se todos os seus gestos e palavras confluíssem, afinal, para a unidade de um único gesto e de uma única palavra"[38]. Portanto, a tipologia – preparatória – das outras refeições não capta tudo o que está em jogo neste momento: *a unificação interior inédita que advém do dom gratuito e definitivo da vida única de uma pessoa em favor dos outros*. Aqui, finalmente, Jesus é o *dono de casa* que reúne seus amigos e amigas ao redor de *seu dom*:

> A Eucaristia nasceu já como uma refeição atípica, impregnada de uma semântica irredutível a esse enquadramento. Desde o princípio foi relatada e acolhida, na fé da comunidade cristã, como o Dom radical de si que Jesus protagonizou e como comensalidade que congrega os crentes à volta desse acontecimento[39].

O apelo de Jesus não foi acolhido pelos chefes de seu povo. Como ele havia percebido e anunciado, logo sofreria sua paixão. Diante da experiência de uma vida que está prestes a ser injustamente interrompida, Tolentino pergunta: "Como tornar esse fato trágico numa forma de afirmação fecunda e

---

37. NCL, 84.
38. NCL, 89.
39. NCL, 89.

plena da própria vida?"[40]. Ele convida a leitora e o leitor a se surpreenderem com a resposta de Jesus a esta pergunta: "Tomai todos e comei: isto é o meu corpo entregue por vós". Na vida de Jesus e na vida de quem o segue, esse gesto vai muito além de um "rotineiro signo de uma pertença ritual", pois ele é, "na verdade, o lugar vital da decisão sobre o que fazer da vida"[41].

De acordo com o teólogo português, a refeição eucarística, na qual Jesus se identifica com esse pão tomado, abençoado, partido e doado, revela-nos a verdade definitiva de sua vida – lançando assim luz sobre a verdade da vida de cada pessoa:

> Todas as vidas são pão, mas nem todas são Eucaristia, isto é, oferta radical de si, entrega, doação, serviço. Todas as vidas chegam ao fim, mas nem todas vão até ao fim no parto dessa vitalidade (humana e divina) que trazem inscritas[42].

O sentido do dom fecundo anunciado por essa refeição profética permaneceu velado até o momento da manifestação do Ressuscitado aos dois discípulos, em uma casa do povoado de Emaús (cf. Lc 24,13-35). Mas, quando o caráter pascal dessa refeição absolutamente única é finalmente revelado, sua Luz se torna o critério para julgar a qualidade evangélica das refeições e das vidas do passado, mas também a de todas aquelas que hão de vir.

---

40. PNT, 107.
41. PNT, 107.
42. PNT, 107.

10
Uma refeição paradigmática: quando a cidade invade uma casa

A reflexão de Tolentino permanece bastante sóbria e discreta sobre os relatos da instituição da Eucaristia, como pudemos ver no capítulo anterior. Isso diz algo sobre seu método: sua atenção às outras refeições – nos Evangelhos e em nossa vida cotidiana – deve levar o leitor e a leitora, gradualmente, ao *silêncio reverente* diante do mistério sempre único e incomparável do dom da própria vida. É por isso que, para concluir o nosso itinerário, resumindo e ilustrando o que saboreamos ao longo deste percurso teológico-existencial, voltaremos nosso olhar para uma refeição reveladora, em que outro dom radical foi *silenciosamente acolhido* e *ativamente bendito*. Trata-se do relato estudado por nosso biblista durante sua pesquisa doutoral: a refeição de Jesus na casa de Simão, o fariseu, narrada no Evangelho segundo Lucas (cf. Lc 7,36-50)[1]. Leiamos o relato na íntegra:

---

1. Tolentino conta que ele deve a escolha desse texto ao escritor japonês Shusako Endo. No seu livro *Uma vida de Jesus*, esse escritor fala de um procedimento literário complexo – chamado "efeito de realidade" – que torna o relato muito presente a nossos olhos, como uma projeção

Um fariseu convidou Jesus para a refeição. Ele entrou na casa do fariseu e sentou-se à mesa. Havia na cidade uma mulher, que era pecadora. Quando soube que Jesus estava à mesa na casa do fariseu, ela trouxe um frasco de alabastro, cheio de perfume. Postou-se atrás, aos pés de Jesus e, chorando, começou a lavá-los com suas lágrimas. Depois, enxugava-os com seus cabelos, beijava-os e os ungia com perfume. Ao ver isso, o fariseu que o tinha convidado falou consigo mesmo: "Se esse homem fosse profeta, saberia quem é a mulher que o toca: é uma pecadora!" Então Jesus lhe dirigiu a palavra: "Simão, tenho algo para te dizer". Ele respondeu: "Fala, Mestre". "Certo credor", retomou Jesus, "tinha dois devedores. Um lhe devia quinhentos denários e o outro, cinquenta. Como não tivessem com que pagar, perdoou a ambos. Qual deles o amará mais?" Simão respondeu: "Aquele ao qual perdoou mais". Jesus lhe disse: "Julgaste corretamente". Voltando-se para a mulher, disse a Simão: "Estás vendo esta mulher? Quando entrei na tua casa, não me ofereceste água para lavar os pés; ela, porém, lavou meus pés com lágrimas e os enxugou com seus cabelos. Não me deste o beijo; ela, porém, desde que cheguei, não parou de beijar os meus pés. Não derramaste óleo na minha cabeça; ela, porém, ungiu os meus pés com perfume. Por isso te digo: os muitos pecados que ela cometeu estão perdoados, pois ela demonstrou muito amor. Aquele, porém, a quem pouco se perdoa, pouco ama". Em seguida, disse à mulher: "Teus pecados estão perdoados".

---

cinematográfica: "Ora, o que Shusako Endo defende é que a peripécia da pecadora intrusa, que faz tudo para tocar naquele hóspede, é um momento central no Evangelho de Lucas, mais eficaz na transmissão de Jesus do que muitos outros, inclusive do que as histórias de milagres, porque dá de Jesus, precisamente pelo efeito de realidade, uma imagem viva, surpreendente e real". CJ, 8.

Os convidados começaram a comentar entre si: "Quem é esse que até perdoa pecados?" E Jesus disse à mulher: "Tua fé te salvou. Vai em paz!"

Fiel ao método de análise narrativa, Tolentino previne suas leitoras e seus leitores de que sua abordagem não buscará dar conta da existência histórica de Jesus, mas sim de "sua revelação narrativa, urdida por alguém que, mais do que uma simples biografia, pretendeu avizinhar o leitor da misteriosa e inalienável singularidade da sua pessoa"[2]. Essa passagem conta a primeira refeição de Jesus com fariseus, após alguns episódios de espanto e resistência polêmica[3]. A seção da qual esse relato faz parte – o ministério de Jesus na Galileia, antes de sua subida para Jerusalém (Lc 4 a Lc 9) – é pontuada por perguntas sobre sua identidade, nas quais vemos que "predomina em todo o contexto um clima de irresolução, entre opiniões discordantes ou mesmo contraditórias, confissões parcelares ou ditos ambíguos"[4].

Nosso relato é construído em torno de três personagens individuais: o fariseu Simão, Jesus e uma mulher sem nome uma personagem coletiva – os comensais[5]. Na parábola contada por Jesus, vemos mais três personagens: um devedor de quinhentas moedas de prata, um devedor de cinquenta moedas de prata e

---

2. CJ, 115.
3. É o caso dos conflitos narrados em Lucas 5,17-26 (a cura de um paralítico) e em Lucas 6,6-11 (a cura de um homem com a mão seca). Cf. CJ, 17.
4. CJ, 10.
5. Tolentino explica um dado literário que faz referência a um dado cultural: "As refeições descritas em Lucas-Atos não são certamente cerimônias restritas a dois ou três comensais. Eram, antes, momentos coletivos de vivência e regulação de um determinado paradigma sociorreligioso, pois existia o costume de, durante um banquete palestinense, as portas permanecerem abertas ao olhar dos passantes e curiosos". CJ, 15.

um credor. Tolentino chama a atenção para a estrutura ternária do episódio: "As relações entre as personagens, sendo explicitamente binárias, têm sempre uma terceira no horizonte"[6]. Ele emprega a metáfora do triângulo para situar esse jogo de relações:

O fariseu manifesta, com o convite feito a Jesus, o desejo da sua presença. A mulher inominada irrompe na casa de Simão, unicamente porque Jesus está ali. De Jesus, pode dizer-se que acolhe o desejo de ambas as personagens: aceita a refeição do fariseu e o alabastro de perfume da pecadora[7].

A construção literária das três personagens principais – Simão, a mulher e Jesus – ilustra e aprofunda nossa interpretação sobre o lugar e o sentido da hospitalidade na plenificação da identidade de uma pessoa.

Simão, o fariseu: a despersonalização de um sujeito

O narrador caracteriza essa primeira personagem apenas como um "fariseu" que convida Jesus para comer em sua casa. Essa designação, que define uma pessoa singular por meio de uma atribuição geral, coloca imediatamente "a personagem em um determinado horizonte de significação"[8]. Nas passagens

---
6. CJ, 35.
7. CJ, 28.
8. CJ, 16-17. Como explicamos no capítulo 5, o movimento farisaico foi fundado no século II a.C., em vista de dar resposta às crises e às ameaças de perda de identidade específicas dessa época. Sua resposta é religiosa e traduzida por "uma profunda aspiração à santificação da existência, expressa numa observância estrita da Torá e das Tradições dos Pais". CJ, 17.

que precedem nosso relato, os fariseus acompanhavam Jesus no "seu campo", ou seja, no lugar onde ele ensinava (cf. Lc 5,17), na casa de Levi (cf. Lc 5,30), no meio das plantações (cf. Lc 6,2) ou na sinagoga (cf. Lc 6,7). Em nosso relato, a particularidade desse fariseu está no fato de ele iniciar "um movimento contrário, permitindo que Jesus penetre no seu território"[9]. Isso cria uma tensão entre dois "espaços" sociais fundamentalmente diferentes: a casa e a cidade. Tolentino explica onde está essa tensão:

> A casa do fariseu, à luz da ideologia da personagem, vai funcionar como o refúgio da legalidade, da ordem religiosa e social, de certa forma, como um *ethos*. A cidade, de onde a mulher provém, emerge como o lugar onde o pecado é possível. A casa é um território delimitado, suscetível de um ordenamento. A cidade, pela sua dimensão e natureza, escapa a todo o controle. Casa e cidade não são, no jogo narrativo, apenas indicações geográficas, mas modelos e paradigmas[10].

É na tensão criada por esses "espaços" que podemos encontrar o centro da trama, porque o relato não fornece "pormenores do ambiente físico" e não sabemos "que comidas se serviram à mesa"[11]. De que tipo de espaço estamos falando? Tolentino se refere a um estudo do antropólogo norte-americano Edward T. Hall sobre o sentido da distância entre as pessoas, para afirmar que "a ideia do espaço [...] não se limita unicamente ao espaço visivo, mas envolve muito mais profundamente toda a

---
9. CJ, 19.
10. CJ, 94.
11. CJ, 104.

sensibilidade"[12]. Segundo o antropólogo, isso acontece porque "o espaço, quando habitado pelo homem, deixa de ser espaço apenas, para tornar-se espaço humano"[13]. Na atmosfera farisaica em que nossa narrativa acontece, é de fato "a questão da pureza/impureza [que] problematiza o espaço. Este se torna segmentado, sem circulação entre as partes"[14].

Do ponto de vista literário, o fariseu Simão pode ser considerado uma personagem conservadora: "Sua função é a manutenção do equilíbrio das situações ou a restauração da ordem ameaçada"[15]. Tolentino chama a atenção para um problema oculto por trás do convite simpático que esse fariseu faz a Jesus: sua atitude "revela atenção [em relação a Jesus], mas também segurança em si próprio (nem se coloca o problema de ser ou não digno da visita de Jesus)"[16]. No início do mesmo capítulo, o evangelista havia mostrado outra atitude por parte de um centurião romano (cf. Lc 7,6): ele, que é apresentado pelos líderes dos judeus como digno de ser ouvido, "declara que não é digno, suficiente, merecedor, capaz da proximidade de Jesus"[17].

Dentro dessa estrutura narrativa bem construída, Tolentino vê a caracterização de Simão como um anfitrião que "recebe Jesus em numa posição cômoda, porque está no seu mundo e tem, de alguma maneira, o controle da situação", enquanto "a

---
12. CJ, 97.
13. CJ, 97.
14. CJ, 103. Entretanto, citando a antropóloga britânica Mary Douglas, Tolentino lembra a existência de certa universalidade da ideia de impureza na Bíblia: "Pode-se pensar nela como numa fratura da existência: de um lado Deus, com tudo quanto Ele estabelece; do outro, inevitavelmente e necessariamente, a impureza". CJ, 102.
15. CJ, 30.
16. CJ, 29.
17. CJ, 119.

mulher está no polo oposto"[18]. A chegada dessa mulher anônima no relato, apresentada longamente pelo narrador, "não retém a atenção do fariseu, pois sobre ela tombou o rótulo de 'pecadora' e não é, por isso, passível de transformação"[19]. Sua atenção está toda voltada para seu hóspede, que ainda é, para ele, uma personagem aberta.

No entanto, no diálogo que Simão estabelece com Jesus, a narrativa revela uma situação de divisão: na sua intimidade, ele já havia julgado que Jesus não era um profeta, mas se dirige a ele chamando-o de mestre. De acordo com nosso autor, esse título "apresenta uma diminuição de significado em relação àquele de profeta, mas mantém, no entanto, uma aparência de correção"[20]. Tolentino explicita as implicações dessa divisão, pela qual

> [o fariseu] formula aí um juízo de distanciamento, instalando-se, porém, em uma duplicidade pragmática: se no seu interior já julgou Jesus por causa da mulher, no seu registo exterior continua impávido. A imagem da personagem costura-se assim de uma ambiguidade: não expõe traços hostis (mesmo depois do acontecido trata Jesus por "mestre" e intervém quando solicitado por Jesus), mas também já sabe que, perante os dados de que parte, não pode aderir ao seu hóspede[21].

---

18. CJ, 29.
19. CJ, 44. Tolentino explica que "na mentalidade farisaica o conceito de pecado pertence ao âmbito jurídico, é uma transgressão da Torá, uma ofensa contra Deus. E os pecados, antes de serem perdoados (e para poderem ser perdoados), expiam-se com ritos de purificação, boas obras, com o sofrimento etc.". CJ, 72.
20. CJ, 46.
21. CJ, 19.

Com a ajuda de uma parábola e de uma perspectivação diante do "espelho" representado pela mulher, "Jesus faz saber que o silêncio do fariseu, a sua abstenção de gestos não são atitudes ordinárias ou insignificantes"[22], porque correspondem a uma estratégia equivocada de autoproteção. A lista das não ações de Simão (cf. vv. 44-46), mesmo antes da chegada da mulher, revela um "bloqueio paralisante (de fato, o anfitrião não parece capaz de intervir, apenas de julgar)", ainda que sua "atuação, no entender de Jesus, poderia ter sido diferente"[23]. Assim, vemos que, ao longo do relato, há "entre o fariseu e Jesus uma distância que não se dissolve", porque "o fariseu ajuíza a partir das próprias prerrogativas, não com base na novidade de Jesus"[24].

A consequência dessa divisão entre interior e exterior, do bloqueio em um horizonte rígido de interpretação, da escolha por uma distância insolúvel em relação aos outros, é mostrada de forma curiosa pela narrativa: Simão "como que se apaga no ponto de vista que representa, sendo mesmo substituído, no quadro final, por uma personagem coletiva, os comensais"[25]. É justamente esse grupo com afinidades sociais e religiosas com Simão – cujos membros também estão "mais interessados em julgar Jesus do que em agir"[26] – que formula, no final da história, esta pergunta retórica: "Quem é esse que até perdoa pecados?". Para Tolentino, tal pergunta nos abre para uma nova etapa do Evangelho segundo Lucas: "O fariseu distanciara-se de Jesus porque o considerou inferior a um qualquer profeta;

---
22. CJ, 19.
23. CJ, 19-20.
24. CJ, 29.
25. CJ, 92.
26. CJ, 27.

os comensais perguntam-se (e perguntam-nos) se Ele não é igual a Deus!"²⁷.

A mulher anônima: uma transformação reveladora

O narrador descreve essa segunda personagem, atribuindo-lhe as seguintes características: é uma mulher que vem da cidade; é uma pecadora; carrega um frasco de alabastro com perfume. Tolentino ressalta que, para quem lê, em sequência, o Evangelho segundo Lucas, não é "estranho [...] que uma mulher acorra à procura de Jesus"²⁸. Mas essa mulher é considerada uma pecadora. O que isso significa? Aqui está a explicação de nosso biblista:

> O termo "pecador" é virtualmente uma designação técnica que não se deve aplicar ao povo comum, pois ela parece reservada aos "pecadores profissionais", isto é, àqueles que organizaram toda a sua existência não tomando Deus por referencial²⁹.

Assim, o pecador, afastado de uma relação pessoal com Deus, organizava sua vida de um modo oposto à vida de um

---

27. CJ, 85.
28. CJ, 23. Segundo Tolentino, o terceiro Evangelho é "aquele que conserva mais relatos de mulheres: é, por exemplo, o único que conta a história de Isabel (1,5-25), Maria (1,26-56), Ana (2,36-38), a viúva de Naim (7,11-17), Maria Madalena, Joana, Susana e as outras mulheres que seguiam Jesus (8,1-3), Marta e Maria (10,38-42), a mulher encurvada (13,10-17), a mulher que procura a moeda perdida (15,8-10), a viúva insistente (18,1 8) e as mulheres de Jerusalém que choram atrás da cruz (23,27-31)". CJ, 22-23.
29. CJ, 151.

"justo". Juntamente com as figuras dos pobres de YHWH, esse tipo de personagem – que pertence àquela "porção do povo da Aliança que os justos não queriam ver, o Israel do pecado"[30] – desempenhou um papel fundamental no processo de revelação da identidade de Jesus. Mais do que isso: Tolentino vê a conexão entre essas duas categorias de pessoas como uma verdadeira estratégia literária do Evangelho segundo Lucas. De acordo com nosso biblista, o evangelista utiliza "a credibilidade que Jesus ganhou no seu ministério com os mais pobres do povo para fazer aceitar esta característica 'extravagante' do ministério de Jesus: o seu acolhimento aos pecadores"[31].

No caso da mulher inominada de nossa narrativa, Tolentino chama a atenção para um fato literário: "A nós, não nos foi explicado o motivo da ruptura (não sabemos o pecado da pecadora ou a razão da partida do filho pródigo), mas é-nos narrada a psicologia do seu arrependimento"[32]. Essa psicologia é expressa exteriormente por uma série de gestos: banhar os pés de Jesus com as próprias lágrimas, enxugá-los com seus cabelos, beijá-los e ungi-los com perfume. Com efeito, Simão resume corretamente a natureza dos gestos dela: *ela toca Jesus*. Em resposta, Jesus *se deixou tocar* por essa mulher pecadora. Em outras palavras, ele "não salvaguardara a fronteira entre santidade e impureza"[33].

---
30. CJ, 149.
31. CJ, 152. A evolução literária do Evangelho segundo Lucas e, sobretudo, o projeto do livro dos Atos dos Apóstolos sustentam esta afirmação: "Vemos depois que a figura do cego, do pobre e do estropiado quase desaparecem dos Atos, enquanto ganha lugar a figura do pecador e da remissão dos pecados. Foester recorda que os Atos dos Apóstolos fazem consistir a salvação no perdão dos pecados, de que falam continuamente (3,19.26; 5,31; 10,43; 13,38; 22,16; 26,18)". CJ, 155.
32. CJ, 155.
33. CJ, 43.

Então, qual é o dom que essa mulher oferece a Jesus? A autenticidade de suas lágrimas tem a força de uma linguagem profunda[34]. A esse respeito, Tolentino cita Roland Barthes: "Chorando, eu procuro um interlocutor empático que recolha a mais 'verdadeira' das mensagens, aquela do meu corpo, não a da minha língua"[35]. Além disso, o perfume que ela traz é um símbolo da "qualidade do acolhimento a Jesus"[36]. Mais do que isso: nosso biblista vê nele "o dialeto silencioso e pungente da própria existência. O perfume está em vez dela. Ela está no perfume"[37].

Os gestos da mulher e a qualidade humana do que ela doa revelam uma diferença substancial entre a distância existencial que a separava de Jesus e a distância insolúvel escolhida pelo fariseu Simão:

> A mulher vem de mais longe, mas expõe-se inteiramente, confiando mais nas lágrimas do que nas palavras, sem se abrigar à falsa sombra das autojustificações, sem julgar ninguém, humilhando-se apenas[38].

---

34. A menção às lágrimas é uma particularidade do relato lucano: "Nas passagens paralelas a Lucas 7,36-50 (Mc 14,3-9; Mt 26,6-13; Jo 12,1-8), a mulher unge Jesus, mas não chora. No episódio lucano, as suas lágrimas substituem a água da hospitalidade que faltou". CJ, 24.
35. CJ, 65.
36. CJ, 24. Tolentino explica o sentido do uso do perfume no mundo oriental: "Tem uma utilização sagrada reconhecida (ao longo dos séculos, o sacrifício de perfumes desempenhou na liturgia do Templo um lugar sempre maior), mas também um uso profano e social (o emprego de perfumes constitui um dos ritos para expressar cordialidade, traduzindo a alegria do encontro comum, ao mesmo tempo que sinalizava a honra do hóspede). É exatamente este uso que nos interessa". CJ, 105.
37. CJ, 107.
38. CJ, 29.

De acordo com Tolentino, a transformação dessa mulher – de pecadora a perdoada – "derrama um perfume novo não só na perícope, mas pelo próprio Evangelho"[39]. De fato, essa transformação – que só pôde acontecer porque ela tocou Jesus – desempenha um papel fundamental na revelação literária das identidades de Jesus, do fariseu e de nós, leitoras e leitores. Isso é bastante surpreendente, já que estamos nos referindo a uma personagem que não pronuncia uma palavra: de fato, "a mulher entre e sai em silêncio, mas o leitor sente que a sua passagem se revestiu de uma eloquência ímpar"[40].

Como uma personagem modificada pela evolução da narrativa, ela ocupa o lugar de uma personagem-adjuvante: ela "torna-se o objeto da ação transformadora de Jesus e a sua transformação é colocada a serviço da revelação de Jesus"[41]. Diante dela, Jesus aparece não somente "como anunciador do perdão, mas como aquele que tem poder para declarar a absolvição dos pecados"[42]. Essa mulher se torna um espelho para o fariseu, porque "a qualidade impressionante do que ela dá é que permite ver, em toda a crueza, que Simão não deu nada"[43]. Ao doar o máximo, ela serve a Jesus "como dispositivo de revelação daquele mínimo a que o fariseu se recusa"[44]. Mas a maneira como o relato apresenta a mulher e sua transformação também se torna um espelho para a leitora e o leitor:

---

39. CJ, 25.
40. CJ, 24.
41. CJ, 25.
42. CJ, 83.
43. CJ, 63.
44. CJ, 63.

[Ao fim do relato], as barreiras que não permitiam que nos identificássemos com o "pecador" caem. Essa identificação parece-nos mesmo ser um dos objetivos da descrição favorável que Lucas, mais que os outros Sinóticos, faz da figura do "pecador" (7,36-50; 13,1-5; 15,1-32). Percebemos, por fim, que na exageração da centralidade da pecadora está uma forma de construir o leitor[45].

Jesus, o hóspede-anfitrião: a excelência de uma pessoa única

Como vimos acima, algo novo aparece na passagem lucana que estamos estudando: "Jesus não convida, é convidado. Ele aceita ser alvo do desejo e das manifestações de atenção dos outros"[46]. Além disso, estamos diante de uma situação, durante uma refeição, em que Jesus não está em ação: de fato, "o que se lhe atribui e critica é uma não-ação"[47]. No entanto, é justamente a partir desse lugar de "passividade" que a narrativa constrói a figura de Jesus como uma "personagem modificadora". É realmente ele que, nesse episódio, "opera uma legitimação da possibilidade de o 'pecador' aceder ao Reino e realiza esse inaudito acontecimento aos olhos do leitor"[48]. Para os compatriotas e contemporâneos de Jesus, ouvir essa boa notícia significa "o acolher de uma perturbadora novidade"[49]: *o acesso gratuito ao perdão dos pecados na situação concreta de suas vidas.*

---
45. CJ, 156.
46. CJ, 27.
47. CJ, 27.
48. CJ, 155.
49. CJ, 147. Como vimos, segundo Tolentino, Lucas apresenta Jesus como aquele que coloca os pobres, estropiados, cegos e coxos como convivas

Essa realidade inédita corresponde a uma nova concepção tanto da realidade pecadora do mundo quanto da salvação que vem de Deus. Então, qual é essa nova concepção do pecado? Tolentino afirma que "as noções de pecador e de pecado são subtraídas ao território da casuística do lícito e do proibido"[50]. O que torna alguém pecador é a recusa de entrar em relação com Aquele que possibilita sua transformação, ou seja, "toda a acentuação da autonomia humana, mesmo sob o manto protetor do culto, do cumprimento da Lei ou da total dedicação a Deus"[51]. Assim, no ensinamento de Jesus, o pecador não pertence a uma categoria social ou religiosa, mas passa "a ser o símbolo do homem carente de Deus", sendo a pecadora intrusa "tomada como paradigma do crente"[52].

Essa nova visão tem um impacto direto no modo de proceder de Jesus. O objetivo de seu ministério é comunicar a salvação – segundo Augustin George, não simplesmente um bem-estar físico ou psíquico, mas "uma intervenção divina que atinge o homem no profundo da sua vida e do seu ser"[53]. É por isso que seu apelo ao arrependimento não diz respeito à esperança de um perdão vindouro – como na pregação de João Batista –, mas provoca "a emergência de uma nova itinerância"[54]

---

do Reino. Ao mostrar que Jesus, "perspectivado pela tradição veterotestamentária, é credível como agente da salvação de Deus", quer-se afirmar que ele é digno de ser escutado na novidade que anuncia. Cf. CJ, 147.
50. CJ, 92.
51. CJ, 153. É justamente este o drama narrado nos Evangelhos: "Enquanto os pecadores se mostram dispostos a reconhecer a sua condição diante da Palavra que provém de Deus, os que se têm por justos fecham-se numa ostensiva pretensão acerca da justiça que possuem e recusam a oferta da Salvação". CJ, 159.
52. CJ, 154.
53. CJ, 162.
54. CJ, 154.

e lança "o desafio a que se experimente a conversão não unicamente com um sentido escatológico, mas como uma dimensão histórica de todo o caminho crente"[55]. Assim, no ministério de Jesus, o pecado "deixa de ser o polo magnético que decide proximidade e afastamento"[56].

Esse novo "polo" decisivo é a fé[57]. Mas não se trata de uma fé genérica ou teórica. No relato, Jesus se refere à "tua fé": uma fé que "traz agarradas à sua formulação as marcas mais íntimas e impronunciáveis do vivido", ou seja, "a fé da mulher é aquele seu modo de estar presente, inteiramente presente a Jesus"[58]. Em outras palavras, a fé que salva, essa abertura ao mistério vivificante de Deus, é descrita nesse episódio "como uma forma radical de hospitalidade a Jesus"[59].

Ao mesmo tempo, essa narrativa nos mostra "a razão pela qual Jesus aceita a dádiva dos pecadores: para que eles aceitem a dádiva que Jesus é. Jesus acolhe o perfume da pecadora e oferece-lhe o perfume da salvação"[60].

Dito isso, Jesus também quer comunicar a salvação a Simão, o fariseu. Então, qual é a sua estratégia para convidá-lo a entrar nesse novo Reino que ele está inaugurando? Ele compartilha *seu* olhar com Simão. Tolentino expressa isso da seguinte forma:

---

55. CJ, 90.
56. CJ, 159.
57. Tolentino relembra a fórmula repetida no Evangelho segundo Lucas: "Os quatro episódios em que Lucas termina com a fórmula que une fé e salvação podem ser considerados como caracterizadores do ato de crer: 7,50 – A tua fé te salvou: vai em paz; 8,48 – A tua fé te salvou: vai em paz; 17,19 – Levanta-te e vai: a tua fé te salvou; 18,42 – Vê de novo: a tua fé te salvou". CJ, 86.
58. CJ, 89.
59. CJ, 92.
60. CJ, 145.

O narrador tinha apresentado a peripécia da mulher de uma forma propositadamente ambígua: Jesus retoma cada um dos gestos da mulher e, como verdadeiro hermeneuta, deixa que sejam os gestos a falar. O olhar que Jesus propõe a Simão ("vês esta mulher?") é, evidentemente, não a repetição do primeiro olhar, mas a possibilidade de enquadrar o real em uma nova perspectiva[61].

De fato, o narrador caracteriza a mulher com duas informações distintas (cf. v. 37): a primeira, ao dizer que ela era pecadora; a segunda, ao se referir ao frasco de alabastro e ao seu perfume. Tolentino chama nossa atenção para a diferença de olhares: "É sintomático que o fariseu se centre no primeiro elemento e Jesus no segundo"[62]. O desenrolar da narrativa mostra que Jesus olha para o "dom que a mulher transporta: interpreta (e realiza) o potencial de transformação que ele representa e refere-se como uma falta ao seu anfitrião"[63]. Referindo-se à maneira como o relato convida o leitor e a leitora a abandonar as velhas categorias para se alegrar com a boa notícia, nosso autor resume a diferença hermenêutica entre Jesus e Simão:

> Não podemos ler o episódio pelos olhos do fariseu, utilizando as suas velhas categorias. Lucas mostra-nos quanto elas se tornam inadequadas perante o novo que Jesus constrói, revelando-se. Onde o fariseu vê uma pecadora, Jesus não perde de vista uma pessoa e a sua situação histórica concreta. Onde o fariseu faz pesar o passado, tratando o pecado como uma dívida que não estava saldada, Jesus observa o

---
61. CJ, 80.
62. CJ, 107.
63. CJ, 107.

presente, considerando o pecado como uma carência que só o dom gratuito de Deus pode colmatar. Onde o fariseu repudia moralmente, Jesus acolhe humana e religiosamente. Onde o fariseu julgava a mulher perdida, precisamente aí, Jesus a vai resgatar. Mas também onde ele se queria a salvo, Jesus o vai acusar[64].

Não apenas o olhar desse hóspede perturbador é revelador de sua identidade, mas também a maneira como ele o transmite aos outros. O gênero parabólico não é uma invenção de Jesus, mas Tolentino considera que a originalidade das parábolas do Evangelho está na forma como são contadas e na maneira como são colocadas em circunstâncias específicas da vida. Em primeiro lugar, ele escolhe uma parábola que joga com o paralelismo entre semelhança e diferença, em que "as personagens definem-se [...] pela relação, e não em termos absolutos"[65]. Em segundo lugar, tanto na parábola quanto no diálogo com o fariseu, ele se afasta deliberadamente de uma linguagem religiosa explícita: chama o anfitrião pelo nome, Simão; refere-se à inominada como uma mulher; recorre a um contexto socioeconômico[66]. Por fim, o gênero parabólico,

---

64. CJ, 90.
65. CJ, 48-49. Essa relação é frequentemente triangular, como em outras parábolas (cf. Lc 15,11-32, os dois filhos; Lc 18,9-14, o fariseu e o publicano), nas quais a conclusão é semelhante à de nosso relato: "A transformação que o relato opera (no nosso caso, mediante o insólito ato de graça do credor), emerge sob a forma de uma inversão: aquele que aparentemente era o mais distante torna-se o mais próximo, e aquele mais próximo, o mais distante". CJ, 49.
66. Além disso, Tolentino dá uma informação lexical importante: "O aramaico não delimita estritamente a um vocábulo a significação do conceito de pecado, de modo que essa noção exprime-se, com frequência, por dívida". CJ, 50.

permanecendo sempre uma metáfora, "tem com a história uma relação oblíqua, indireta e singular"[67]: em outras palavras, "o fariseu pode reconhecer-se no segundo termo da parábola ou não"[68]. O objetivo desse conjunto de opções é desvelado pela sequência do relato: provocar um deslocamento no ouvinte – seja interno, Simão; ou externo, a leitora e o leitor –, levando-o a "olhar outra coisa, para depois olhar de modo novo o que se havia olhado"[69]. Dessa forma, a parábola de Jesus quer colocar em crise a falsa segurança do fariseu, porque "Simão sabia quem era a mulher e de onde ela vinha, mas desconhecia em quem ela se transformara e a que lugar novo ela chegou"[70]. Isso aprofunda o sentido da identidade e da missão de Jesus: sua presença "transforma a simplicidade segura daquele espaço doméstico em um complexo sistema de atração/retração"[71]. Ao recusar a distância e permitir-se ser tocado pela mulher, Jesus abre um "novo espaço" em sua vida: a paz, ou seja, "o conforto por constatar que a obra de Deus atingiu a plenitude do seu cumprimento"[72].

Além disso, com o olhar, a atitude e as palavras de Jesus, um novo tempo – um tempo messiânico – é inaugurado na

---
67. CJ, 60-61.
68. CJ, 76-77. Tolentino completa esta reflexão: "O gênero parabólico é comparativo sem esgotar-se na comparação. Se os dois devedores da parábola tivessem uma aplicação precisa e imediata, de alguma maneira, a parábola diminua o seu caráter prefigurante, o vigor que lhe advém do seu efeito indireto, a capacidade especular profética de refletir todos os rostos, sem que o espelho límpido da palavra fique aprisionado a nenhum deles". CJ, 76-77.
69. CJ, 56.
70. CJ, 73.
71. CJ, 102.
72. CJ, 170.

narrativa. No entanto, isso não impede o drama da coexistência de tempos qualitativamente diferentes: o tempo da acusação e o tempo do perdão; o tempo histórico e o tempo da salvação[73].

É assim que o tempo da salvação, inaugurado pela "gramática nova" de Jesus, desencadeia uma crise no tempo histórico do fariseu, ao revelar que a gramática com a qual ele lê a realidade é insuficiente. Da mesma forma, seu juízo sobre a identidade profética de Jesus precisa ser revisto:

> No seu discorrer interno, essa atribuição popular entre em crise. Um profeta, diz ele, saberia quem é e de onde vem aquela mulher. A inteligente ironia que tece a situação é que o fariseu está certo. Mas a razão que ele possui é uma razão ao inverso. Jesus não é um profeta, e não por ser menos qualificado que as figuras da tradição de Israel. Não é um profeta porque, diante de sua identidade, essa categoria revela-se insuficiente, ultrapassada[74].

Como podemos ver, a complexidade da identidade de Jesus põe em crise a relação com o espaço (distância e proximidade), a relação com o tempo (história e salvação) e até mesmo os modelos teológicos de seu povo (o modelo profético, a

---

73. Tolentino explica a especificidade do tempo histórico criado pela narrativa: "O tempo histórico é gerido pelas expectativas e apreensões do anfitrião. É um tempo construído por códigos semânticos anteriores a esta situação narrativa, mas que funcionam para ele como o dispositivo de juízo. Esses códigos explicam-nos o que é uma pecadora, qual a relação entre justos e pecadores, o que é o legal e o interdito, o que é um profeta etc.". CJ, 113.
74. CJ, 141-142. Nosso autor afirma que "a especificidade de Jesus obriga a que a designação 'profeta' lhe possa ser aplicada apenas analogicamente". CJ, 141.

concepção de pecado, de justiça, de fé e de salvação). No final do relato, Simão se funde e confunde com os outros comensais. Isso é exatamente o contrário do que acontece com Jesus: "Ao entrar em casa de Simão, Ele ainda podia ser considerado 'um profeta' ou 'um mestre'", mas em poucos versículos "a sua atuação [...] como que o isola, mostrando, sim, que Ele é único e que com Ele emerge algo de novo"[75]. Tolentino fala sobre a relação literária entre a identidade de Jesus e os modelos anteriores:

> Se é certo que a revelação progressiva de Jesus, que vai acontecendo no terceiro Evangelho, parte de modelos literários e teológicos anteriores, em uma espécie de gramática que serve à interpretação da novidade de Jesus, certo é também a relativização e a superação desses pontos de partida[76].

Portanto, embora a tipologia bíblica seja usada em nossa narrativa e ao longo do Evangelho para construir a figura de Jesus, ele "vai resistindo às categorizações de que é alvo e define-se a si mesmo através da sua história"[77]. Mais precisamente, ele vive uma *história profundamente relacional*: é "o mistério da inter-relação de Deus e Jesus" que pode "definir, a partir daí, a identidade daquele hóspede"[78]. Jesus aparece, por um lado, como "o hermeneuta do coração humano, capaz de iluminar o resíduo mais decisivo de cada coração", mas, por outro lado, ele também se revela como "o intérprete competente do desígnio de Deus nas circunstâncias da história"[79].

---

75. CJ, 92.
76. CJ, 141.
77. CJ, 181.
78. CJ, 22.
79. CJ, 160.

Será que o povo de Jesus e, mais amplamente, os humanos de todos os tempos estariam dispostos a suportar tantas crises salutares, a fim de percorrer com ele esse caminho de singularidade relacional, aberto à novidade do *Abba* e ao dom dos outros? Como sabemos, o propósito dos Evangelhos em geral – e o de Lucas em particular – é "revelar como é que [Jesus], tendo sido rejeitado e levado até à morte, representa aquele pelo qual, unicamente, atravessamos o limiar da salvação"[80]. Ao longo desses relatos, a revelação de Jesus se densifica e só encontra uma resolução nos eventos de sua Páscoa, o que dará "aos discípulos o pleno conhecimento de Jesus, exatamente o que agora falta"[81]. Esses eventos não são, entretanto, a conclusão da Boa Notícia. Tolentino dá ênfase ao horizonte aberto pelos Evangelhos: "A narrativa evangélica apresenta-se assim como o limiar de uma história aberta, infinita, onde a cristologia nos remete para a eclesiologia. O seu presente é já o inventário do nosso futuro"[82]. Um futuro entregue em nossas mãos, a ser livre e criativamente inventado, caminhando sempre juntos, segundo o jeito de Jesus.

* * *

Com a ajuda de Tolentino, estamos nos passos finais de uma jornada existencial e bíblica em torno da "personagem" de Jesus de Nazaré. Obviamente, isso não abrange a totalidade da afirmação da fé cristã a respeito de sua identidade humano-divina. No entanto, a abordagem literária e estética do exegeta português nos ajudou a compreender melhor a vida "à moda do

---

80. CJ, 178.
81. CJ, 145.
82. CJ, 190.

Abba" que Jesus oferece, primeiramente, ao seu povo e, a partir dele, a toda a humanidade. Sua existência hospitaleira nos convida a abraçar dois princípios de vida: o princípio da *incompletude* e o princípio da *comunhão*[83]. Uma imagem poética, evocada pelo escritor italiano Luciano De Crescenzo, nos ajuda a ver a implicação desses dois princípios: "Somos anjos de uma asa só. Temos de permanecer abraçados para poder voar"[84]. A surpreendente hospitalidade de Jesus o levou a suportar o abandono, a traição e a violência presentes na humanidade de seu povo, a fim de levar cada pessoa a redescobrir, graças ao perdão das dívidas, sua "asa" atrofiada ou escondida, ou seja, sua capacidade de participar, de modo único e incomparável, do mistério da vida hospitaleira e fecunda de Deus.

Para concluir esta última parte de nosso itinerário, vamos escutar Tolentino mais um pouco. Em um relato pessoal sobre sua transformação por meio do contato com o texto de seu estudo doutoral, ele nos ajuda a ver o essencial deste capítulo sob uma luz diferente:

> Passei a dar valor à necessidade de consolação que todos os humanos transportam; às linguagens com que o corpo e a alma se expressam e que, porventura, não sabemos atender devidamente ainda; à singularidade irredutível da narrativa biográfica; àquela porção de vida íntima que se comunica melhor com silêncio e lágrimas do que por palavras; ao perfume e ao dom; à hospitalidade de Deus que Jesus revela, e que é a expressão, por excelência, da sua incondicional misericórdia[85].

---
83. Cf. TE, 128.
84. TE, 128.
85. CJ, 7.

Inspirados pelo mosaico de narrativas bíblicas e por outras belas histórias recebidas e contadas por aqueles e aquelas que nos precederam na vida e na fé, podemos concluir com nosso poeta-exegeta: "Uma coisa temos por certa: há histórias que são contadas para que um encontro aconteça"[86]. Espero que você, minha irmã, meu irmão, tenha se deixado encontrar pelas coisas da terra e do céu, com a ajuda desses tantos sabores humano-divinos servidos e provados no decorrer desta nossa refeição sapiencial.

---

86. CJ, 191.

Uma conclusão faminta de recomeços: a sabedoria do encanto com o outro

Agradeço a você, leitora, a você, leitor, que topou me fazer companhia até aqui, em mais uma aventura literária, existencial e espiritual. Gostaria de situar esta conclusão aberta no contexto de um encontro que tive, antes de começar a escrever este texto que você tem em mãos. No momento daquele encontro, eu já havia decidido tomar como interlocutor extrateológico para minha pesquisa doutoral a reflexão gastronômica desenvolvida no Brasil, em particular a do sociólogo Carlos Alberto Dória[1]. Essa decisão estava em sintonia com outra escolha: a de um interlocutor intrateológico – o biblista português José Tolentino Mendonça, cujo pensamento apresento neste livro – por causa de sua atenção à cozinha e à mesa, tanto em seus estudos bíblicos quanto em sua proposta de uma mística cristã acessível a todos. No entanto, também senti a necessidade de ouvir um pouco mais da experiência de

---

1. Esse conteúdo está inteiramente disponível no primeiro livro desta trilogia: *Autobiografia gastronômica. Carlos Alberto Dória e a construção de um projeto culinário autêntico*, São Paulo, Loyola, 2023.

algumas cozinheiras e cozinheiros domésticos e profissionais, para entender melhor o que estava em jogo nas reflexões de meus interlocutores teóricos.

Dentre as cozinheiras e cozinheiros que conheci durante minha pesquisa, tive a oportunidade de conversar com o *chef* francês Laurent Suaudeau, que foi, no passado, uma espécie de "missionário" da *nouvelle cuisine* no Brasil. Vivendo em nosso país desde o início dos anos 1980, o *chef* Suaudeau é uma autoridade entre as pessoas dedicadas à cozinha profissional no Brasil. Ele se tornou o instrutor de um grande número de jovens *chefs*, graças à sua Escola de Arte Culinária, localizada em São Paulo.

Em nossa conversa, o *chef* Suaudeau compartilhou comigo um ponto de admiração e inquietação em relação aos jovens que chegavam à sua Escola: eles tinham uma enorme criatividade e um grande desejo de inovar, além de um plano de carreira que aparentemente estava muito claro em suas cabeças. Mas, devido a certa falta de paciência, muitas vezes eles não dominavam os fundamentos da cozinha – especialmente as habilidades manuais – e se sentiam desconfortáveis com o caminho disciplinado para o sucesso, proposto pelo professor. Em resumo, tais jovens queriam ser *chefs* de cozinha, mas tinham de aprender a se comprometer com a difícil tarefa de se tornar uma boa *cozinheira*, um bom *cozinheiro*.

Isso me ajudou a entender dois fatos. O primeiro foi que, em nossa época, graças às mudanças de mentalidade e às revoluções que ocorreram ao longo do século XX, existe um risco real de tentarmos ser uma pessoa *única e singular* sem entendermos e assumirmos a tarefa e os desafios de aprender a ser simplesmente uma *pessoa*, gente em relação. O segundo fato é que eu também pertenço a esta geração, e minha relação com a vida em geral, e com a reflexão teológica em particular, foi influenciada por essa tendência compartilhada com uma "multidão" de jovens que estavam, ao mesmo tempo, transbordando de criatividade e sem encontrar um "método" adaptado à satisfação de seus desejos.

Este relato não tem a pretensão de ser uma confidência psicológica, mas uma ajuda para compreender nosso contexto atual e as opções que fiz ao longo da minha pesquisa, compartilhada nesta trilogia literária. Com um pouco de recuo no tempo, posso entender melhor meu temor em seguir adiante com este tipo de projeto teológico, quando a intuição "gastronômica" brotou dentro de mim, em 2008. Naquele momento, eu me sentia incapaz de propor um diálogo teogastronômico, porque me faltava tanto certa "densidade teológica" – uma segurança mais ampla em meu próprio campo teórico – quanto conhecimentos básicos da arte culinária, porque sou um bom "comensal", mas não tinha vivido boas experiências de liderança numa cozinha... nem lido nada, até então, sobre as várias cozinhas praticadas e desenvolvidas no Brasil. Nesse tipo de "cozinha teológica" que eu estava começando a frequentar, eu tinha de ocupar, pacientemente, o lugar do *ajudante e aprendiz de cozinheiro*.

Ao mesmo tempo em que tomei consciência da minha indigência, percebi que minha perspectiva teórica foi moldada por certa experiência e compreensão da Eucaristia, que me levou a uma abordagem benevolente dos "frutos da terra e do trabalho humano", bem como a um serviço de "bênção", ou seja, a capacidade de identificar e dizer o bem presente em nosso mundo natural e social. Esse reconhecimento de uma verdadeira intuição ligada à comida, uma dupla indigência e um desejo de oferecer um serviço de bênção atravessam minha reflexão expressa nesta trilogia, inclusive o livro que, agora, concluímos.

Tudo isso me levou a observar e interrogar as buscas, os gostos e as "técnicas" de meus dois principais interlocutores, a me colocar pacientemente em sua escola, a respeitar a autonomia de seu projeto teórico-prático e a identificar a profunda convergência da compreensão que ambos tinham do próprio serviço teórico: o desejo de ajudar todas as pessoas a terem as habilidades para se tornarem alguém bom e inédito neste mundo. Com base nessa convergência, pude propor a "mistura" ou, em linguagem bíblica e litúrgica, a "aliança" que está no centro da minha reflexão: a aliança que gradualmente me levou a acompanhar "partos" e a ajudar a nascer algo autêntico das "entranhas" do povo e da comunidade de fé aos quais eu pertenço. Este será o assunto desenvolvido no terceiro e último livro desta trilogia: *A vida como alimento: um discernimento eucarístico do humano fragmentado*.

A confirmação do tom eucarístico de minha reflexão direcionou minha atenção para aquele tipo de "centro descentrado" que articula a fé cristã: o mistério pascal de Jesus Cristo. Provocado por esse mistério, comecei a me perguntar sobre a exigente tarefa de viver até o fim a dimensão pascal de nossa existência: aquelas "passagens" ligadas às incontáveis e incomparáveis experiências de recepção e transmissão – escolhidas ou não, alegres ou dolorosas, planejadas ou surpreendentes – que compõem a vida única de cada um e cada uma de nós.

Tudo isso me levou a inserir minha reflexão na esteira de uma corrente teológica sapiencial. De fato, a perspectiva sapiencial – entendida como uma espécie de conhecimento existencial intencionalmente descentrado e orientado ao serviço dos outros – era a que se adequava melhor a duas dimensões fundamentais de minha intuição teológica: por um lado, o projeto de assumir e discernir uma experiência humana de fragmentação, que parecia específica da minha geração – mas que se mostrava cada vez mais como uma fratura no coração do meu povo e, de modo mais amplo, da humanidade; por outro lado, o interesse em encontrar um caminho teológico atento à "normatividade das entranhas" do ser humano e da criação – sugerido pela etimologia do termo "gastronomia", apresentada na introdução deste livro.

Tolentino, graças ao seu projeto e ao seu método fragmentário a serviço de uma unificação sempre surpreendente, submete suas leitoras e seus leitores a um bombardeio de perspectivas, abordando uma ampla variedade de temas em diversos campos de conhecimento. O estilo próprio de minha abordagem exigiu um esforço de sistematização – deliberadamente deixado de lado no projeto teológico-literário do biblista português. Por um lado, eu queria dar conta de suas escolhas, mostrando a fecundidade da pedagogia revelada por suas obras. Por outro lado, graças a seu desejo expresso de abrir espaço para seus leitores e leitoras na recepção ativa de suas provocações e inspirações, senti-me suficientemente livre para reorganizar as diferentes partes das reflexões oferecidas em seus livros, trazendo à tona leituras que, embora já estivessem lá à minha espera, não estavam explicitadas na organização de seus textos originais.

Trabalhar em diálogo com autores vivos foi um verdadeiro presente para mim. Tive a alegria de conversar com Tolentino e com Dória em várias ocasiões. Como já afirmei em relação a Dória, na conclusão do livro *Autobiografia gastronômica*, também devo dizer o quanto Tolentino foi extremamente discreto e hospitaleiro em nossas conversas: discreto, porque não tentou influenciar minha interpretação pessoal de seus pensamentos – o que confirmou a autenticidade de seu desejo de estar a serviço de seus leitores e leitoras; hospitaleiro, porque tive a impressão de colher em seus olhos um encanto por receber de volta a força de suas reflexões, relidas, digeridas e sistematizadas por outra pessoa. Essa parceria entre diferentes gerações, diferentes nacionalidades e diferentes tipos de conhecimento e visão de mundo demonstrou-se, creio eu, muito proveitosa para nós três.

Por fim, quero agradecer, ainda, ao amigo e companheiro jesuíta Pedro Rubens, pela generosa apresentação deste livro[2]. Sua perspicaz leitura "genealógica" me fez voltar no tempo, saborear o caminho trilhado para chegar ao conteúdo que estou oferecendo a você, leitora e leitor, e me alegrar, uma vez mais, porque esse caminho foi percorrido na companhia de amigos e amigas que, mais do que testemunhas, são cocriadores desta obra existencial, intelectual e espiritual. E ao mestre José Tolentino Mendonça, além de tudo o que já afirmei antes, deixo meu reconhecimento e admiração pela beleza, simplicidade e profundidade com a qual ele nos dá acesso a tudo o que recebeu e construiu: um conhecimento seguro e amadurecido, uma reconciliação com nossos afetos e sentidos, um incentivo à abertura de espírito e à capacidade de sonhar, um convite à redescoberta da Boa Notícia do Reino próximo, do Deus-conosco. Muito obrigado, meus irmãos!

Para que este encanto continue lançando sementes de esperança e de novos sabores em nossa vida e em nosso mundo, dou a você, nas próximas páginas, um presente que recebi: uma "eucaristia" literária oferecida por Tolentino. Boa degustação!

---

2. Pedro Rubens é também um amigo e estudioso da obra de Tolentino. Ver, p. ex.: OLIVEIRA, P. R. F., O Verbo se fez poesia. A Revelação de Deus na abordagem poética de José Tolentino Mendonça, *Teoliterária. Revista de literaturas e teologias*, v. 10, n. 22 (2022) 410-443.

A sabedoria cultivada à volta de uma mesa

Cardeal José Tolentino Mendonça

O que mais pode ser dito, ao fim de um itinerário como este, que estamos concluindo juntos? Cabe bem, aqui, confirmar a convicção que expressei em meu livro *A leitura infinita*, retomada no início desta obra: *o poder de significação do texto é uma surpresa para o próprio autor*. É sempre estimulante, desconcertante e gratificante a possibilidade de se re-ler, ler-se de novo e de um modo novo, graças ao olhar de um outro. A escuta benevolente de um outro é também um precioso fio de ouro que recostura e recompõe os fragmentos da nossa palavra e revela paisagens surpreendentes, geradas por esse mistério espantoso que a vida é. Por isso, antes de tudo, gostaria de concluir esta peregrinação teogastronômica em um tom de ação de graças. Não é esse, aliás, o tom escolhido pela sabedoria da Igreja para nossas celebrações comuns, fundamento e cume de nossas vidas?

Pude encontrar o teólogo Francys Silvestrini Adão, SJ, algumas vezes, em um momento em que sua pesquisa doutoral começava a ganhar forma, em 2017. No meu coração conservo o seu retrato de jovem teólogo com um vigor intelectual invulgar.

Pensei comigo: "Este pensador será uma bela lufada de ar fresco!". À volta de uma mesa – ora em um tradicional restaurante, ora em um espaço-laboratório de um jovem *chef* criativo –, falamos sobre a vida, sobre a fé, sobre os caminhos da teologia. E é com alegria que vejo a oferta generosa, em formatos diversos, dos frutos daquele esforço em buscar novos caminhos, novas linguagens, novos acessos a nossa humanidade comum, obra de Deus, a quem a fé cristã deseja servir com criativo amor.

Por isso, dou graças. Dou graças pelo companheirismo – de Francys, de tantos leitores e leitoras, tantos amigos e amigas – nessa busca corajosa de prestar um contributo à tarefa comum da reconstrução da gramática do ser humano. A fé não deve sucumbir ao risco de um racionalismo autorreferencial que a torne um admirável castelo de abstrações. O cristianismo não pode ser visto somente como uma verdade em que temos de acreditar, mas sobretudo como uma vida que temos de viver. Desde os primórdios, ele carrega em suas entranhas uma sabedoria vital, uma hospitalidade radical em relação a toda experiência genuinamente humana, uma pedagogia apta a ensinar a viver e a viver bem, a propor uma vida feliz. Um grande desafio que hoje se coloca ao cristianismo é encontrar uma gramática sapiencial. E é bom saber que nenhum de nós está sozinho nessa procura.

Dou graças por esta nova formulação inspiradora: uma "sabedoria teogastronômica". Uma reflexão como esta, que nos conduz a nomear alguns mistérios guardados em nossas "entranhas", representa uma grande ajuda para que reaprendamos a olhar para nós mesmos como profecia do amor incondicional descrito nos Evangelhos. De fato, não somente as experiências extraordinárias, distantes da lenta construção de nossa vida cotidiana, permitem tocar o horizonte de sentido. A maior parte das vezes é arriscando iluminar as experiências mais cotidianas, das quais o ato de comer é um fantástico exemplo, que descobrimos quanto a totalidade do que somos constitui a possibilidade de Deus. Isso é também um resgate de algo nuclear na Boa Notícia de Jesus: Deus ama a nossa humanidade, Deus extasia-se com a nossa humanidade, com aquilo que somos. Nessa luta mendicante, que é a história de cada ser humano, podemos contar com o amor incondicional de Deus, que nos dá acesso ao amor de nós próprios, de nossa humanidade, com seus incontáveis recomeços, tão necessitados de um olhar de confiança.

Dou graças por uma fé capaz de dignificar uma "gramática culinária", disponível e acessível às multidões. Há tanta sabedoria cultivada em nossos jardins, pomares, cozinhas e mesas! Essa realidade nunca foi periférica para a comunidade cristã, mas talvez hoje estejamos crescendo na consciência do sentido e do impacto daquilo que realmente celebramos em nossas Eucaristias. Ontem como hoje a Igreja encontra o sentido da sua vocação e missão "ao partir do pão". Falar do pão é falar da subsistência, das condições da vida material, daquilo que é tido como indispensável à manutenção da vida. Um poeta escreveu que o pão repete a imagem do ventre da mãe, pois está associado à germinação, à plenitude e à vontade de viver. É verdade! O homem não pode viver sem pão. Essa é também a sua realidade. Mas sabemos como a disputa pelo pão pode torná-lo um referente anti-eucarístico. Instrumentalizado pelo egoísmo, o pão torna-se não o símbolo do amor, mas do egoísmo; não o que funda a prática da fraternidade, mas o signo da desigualdade social, da inquietante ideologia da exclusão e do descarte. O pão pode ter o perfume da paz ou estar na origem dos inúteis conflitos tóxicos e das devastadoras guerras. O pão pode ser aquilo que une ou a ferida que violentamente separa. Diante dessa alternativa dramática que se apresenta a nós, também dou graças por uma gramática sapiencial que respeita a liberdade de cada um, mas aponta caminhos de felicidade compartilhada, para o que a fé chama de uma "vida eucarística". Desde os inícios, a Eucaristia vem designada como "a fracção do pão", porque Jesus é claro conosco: a vida torna-se generativa e fecunda à medida que arrisca ser vida repartida e partilhada. Só dessa maneira. A Eucaristia oferece-nos o mapa e a viagem. O pão que se concentra apenas na sua autopreservação depressa endurece e ganha bolor. Só quem aceita a lição de Jesus descobre a própria existência como sementeira, transmissão de afeto, inscrição da esperança, nutrimento fraterno. Cabe aqui recordar o que disse, em um campo de concentração, uma das grandes vozes místicas do século XX, Etty Hillesum: "Desejo ajudar Deus e tornar-me eu própria pão para inúmeras fomes".

Dou graças pelo resgate da dignidade da mesa, de todas as mesas. E o que é uma mesa? A mesa é a extensão do corpo. Como a nossa primeira mesa foi o corpo dos nossos pais, o colo da nossa mãe. Uma mesa verdadeira não é só uma mesa, mas também fraternidade que somos capazes de construir uns com os outros. A mesa é o lugar onde podemos tocar mais profundamente a vida uns dos outros, nesse gesto arcaico, selvagem e sagrado que é comer. Que é colocar uma coisa que está fora dentro do nosso corpo e ela transforma-se no nosso corpo. É uma coisa primitiva, mas ao mesmo tempo é o gesto mais radical de uma hospitalidade mais radical. E não é por acaso que Jesus identifica a hospitalidade do ato de comer, e do ato de comer em companhia, com a hospitalidade de Deus, com a hospitalidade que Deus nos oferece. Porque é assim: Deus torna-nos seus, Deus dá-se-nos, Deus oferece-se como alimento para que o comamos e a nossa vida se torne transformante e transformada por essa presença divina. Nós nem nos damos conta, mas na mesa joga-se a vida ou a morte, joga-se o sim ou o não, joga-se aquilo que somos ou a destruição de nós mesmos. Por isso, a mesa é um lugar de afirmação da vida fundamental.

Por fim, dou graças porque uma "sabedoria teogastronômica", apesar de ser uma grande ajuda para a iniciação à humanidade em todos os seus complexos contornos, não se torna refém de uma busca de resultados. Ao falar da vida como cozinha e mesa, em tantos momentos também foram criados espaços para que simplesmente aprendamos a contemplar o jardim. Não há sabedoria genuinamente humana sem um olhar agradecido para a gratuidade da beleza. Como o pão é o alimento para o corpo, a beleza é o nutrimento da alma, sem o qual ela não persiste nem ganha asas. A Igreja, servidora da humanidade juntamente com seu Senhor, sente-se chamada a ser custódia e artífice da beleza. A teogastronomia também nos conduz à beleza da Eucaristia, que tem de ser celebrada como uma "obra de arte" e vivida como a obra-prima de Jesus. Em um tempo dominado pelo pragmatismo raso e pelas visões utilitaristas apenas, precisamos de uma nova mistagogia que inicie os cristãos na beleza de que são depositários. Penso que este ensaio brilhante de Francys Silvestrini Adão, SJ, representa uma proposta apropriada para os tempos que vivemos, e que merece ser amplamente acolhida com um aplauso.

Bibliografia

Livros da autoria (ou coautoria) de José Tolentino Mendonça

TOLENTINO MENDONÇA, J. *Elogio da sede*. Lisboa: Quetzal, 2018.

———. *O pequeno caminho das grandes perguntas*. Lisboa: Quetzal, 2017.

———. *A mística do instante. O tempo e a promessa*. São Paulo: Paulinas, 2016a.

———. *Le temps et la promesse. Pour une spiritualité de l'instant présent*. Nouan-le-Fuzelier: Béatitudes, 2016b.

———. *A construção de Jesus. A surpresa de um retrato*. Prior Velho: Paulinas, 2015.

———. *O tesouro escondido. Para uma arte da procura interior*. Lisboa: Paulinas, ^{8}2014.

———. *Nenhum caminho será longo. Para uma teologia da amizade*. São Paulo: Paulinas, 2013a.

———. *Notre Père qui es sur la terre*. Montréal: Novalis; Paris: Ccrf, 2013b.

_____. *O hipopótamo de Deus. Quando as perguntas que trazemos valem mais do que as respostas provisórias que encontramos.* Lisboa: Paulinas, ³2013c.
_____. *As crises são grandes mestres. Para uma teologia da crise.* Apostila impressa pelas monjas dominicanas do Mosteiro de Santa Maria, 2011-2012.
_____. *Pai nosso que estais na terra. O Pai-nosso aberto a crentes e a não crentes.* Prior Velho: Paulinas, 2011.
_____. *A leitura infinita. Bíblia e interpretação.* Lisboa: Assírio & Alvim, 2008.
TOLENTINO MENDONÇA, J.; BELO, D. *Os rostos de Jesus. Uma revelação.* Lisboa: Temas e debates, 2013.

Algumas referências das reflexões aqui desenvolvidas

ADÃO, F. S. *Autobiografia gastronômica. Carlos Alberto Dória e a construção de um projeto culinário autêntico.* São Paulo: Loyola, 2024.
_____. A sabedoria teogastronômica: o ato de nutrir(-se) e a iniciação à própria humanidade. *Civiltà Cattolica* (edição em português), v. 1 (2023a) 49-63.
_____. *La vie comme nourriture.* Bruxelles/Paris: Éd. Jésuites, 2023b.
_____. A teogastronomia. Uma estética teológica *sui generis*. *Perspectiva Teológica*, 54 (2022/2023), 585-607.
_____. Da "devoração" à hospitalidade. Uma narrativa alimentar à moda antiga. *Revista Ingesta*, 1 (2019), 283-296.
ALONSO SCHÖCKEL, L.; BRAVO, J.-M. *Apuntes de hermenéutica.* Madrid: Trotta, 1997.

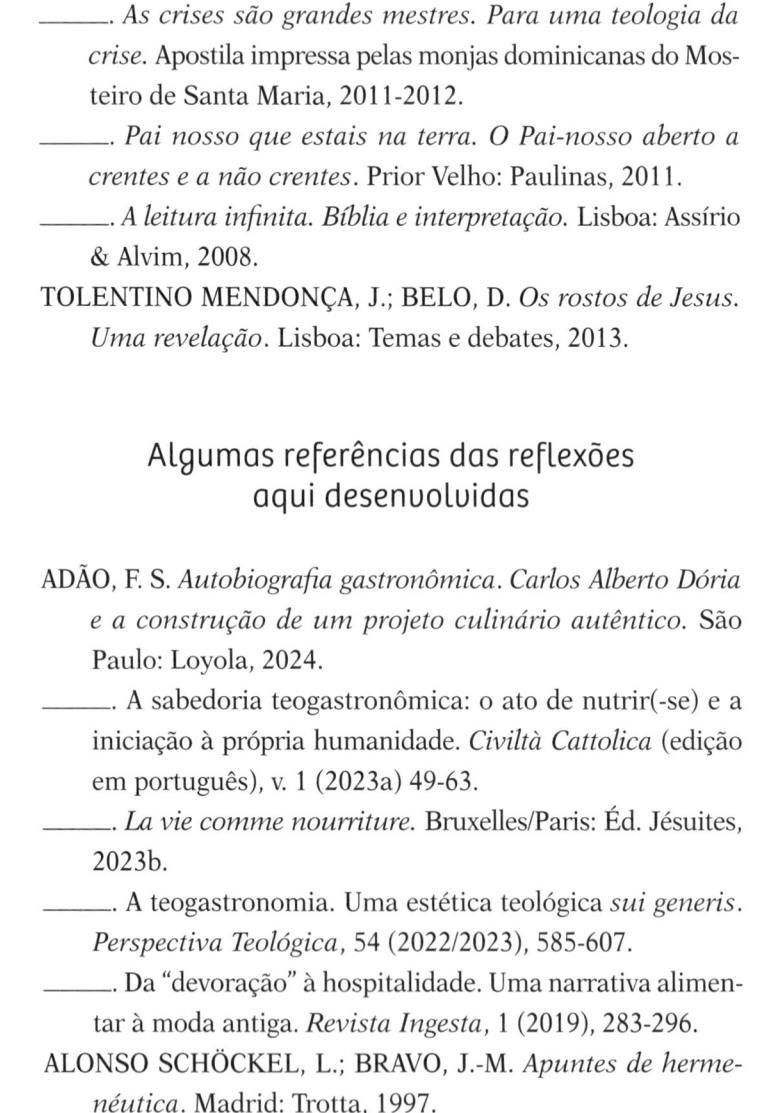

ALVES, R. *Livro sem fim*. São Paulo: Loyola, 2002.
ANDRESEN, S. M. B. *O silêncio: histórias da terra e do mar*. Porto: Figueirinhas, 1984.
ANTUNES, C. M. *Só o pobre se faz pão*. Lisboa: Paulinas, 2011.
AUERBACH, E. *Mimesis. Dargestellte Wirklichkeit in der Abendländischen Literatur*. Bern: Verlag, 1946.
BALTHASAR, H. U. *Gloria. Una estetica teologica*. Milano: Jaca Book, 1975, v. I.
BARTHES, R. *Mitologias*. Lisboa: Ed. 70, 2012.
_____. *Fragments d'un discours amoureux*. Paris: Seuil, 1977.
BEAUCHAMP, P. *L'un et l'autre testament*. Paris: Seuil, 1990.
_____. *Ley-Profetas-Sabios*. Madrid: Cristiandad, 1977.
BEAUDE, P.-M. (éd.). *La Bible en littérature*. Paris: Cerf, 1997.
BEHM, J. Pronoew. *Grande lessico del Nuovo Testamento*. Brescia: Paideia, 1971, v. VII.
BLANCHOT, M. *L'amitié*. Paris: Gallimard, 1971.
BORG, M. *Jesus. Uncovering the life, teachings, and relevance of a religious revolutionary*. San Francisco: Harper, 2006.
BOULNOIS, O. Analogie. LACOSTE, J.-Y. (dir.). *Dictionnaire critique de théologie*. Paris: Quadrige/PUF, 2007.
BOURGUET, D. *La repentance. Une bonne nouvelle*. Lyon: Réveil, 2002.
BRETON, D. *La saveur du monde*. Paris: Métailié, 1993.
BROWN, R. E. *The Gospel according to John (I-XII)*. New York: Doubleday, 1966.
CALVINO, I. *Seis propostas para o próximo milênio*. São Paulo: Companhia das Letras, 2009.
_____. *Perché leggere i classici*. Milano: Mondadori, 2002.
CAPPELLI, M.; VILLAS BOAS, A. A literatura como exercício espiritual em José Tolentino Mendonça. *Teoliterária. Revista de literaturas e teologias*, v. 13, n. 31 (2023) 96-117.

CAVALCANTI, M. L. M. de. *A mesa de Deus. Os alimentos da Bíblia*. Lisboa: Quetzal, 2023.

CERTEAU, M. *L'invention du quotidien. 1. Arts de faire*. Paris: Gallimard, 1980.

_____. *L'écriture de l'histoire*. Paris: Gallimard, 1975.

CLIVAZ, C. L'arrivée du lecteur en exégèse biblique. A-t-on ouvert la boîte de pandore de l'interprétation sans limite?.

STEFFEK, E.; BOURQUIN, Y. *Raconter, interpréter, annoncer*. Genève: Labor et Fides, 2003.

COTTIN, J. *Jésus-Christ en Écriture d'images*. Genève: Labor et Fides, 1990.

CROSSAN, J. D. *The historical Jesus. The life of a Mediterranean Jewish peasant*. São Francisco: Harper, 1992.

DAWSEY, J. The unexpected Christ. The lucan image. *Expository Times*, v. 98 (1986) 87.

DIANICH, S. "Ratio imaginis", verso una nuova prospettiva nella ricerca teologica. *Vivens Homo*, v. 12 (2001) 41-76.

DIMAS, S. A poética do silêncio e da sede de Deus em José Tolentino Mendonça. *Teoliterária. Revista de literaturas e teologias*, v. 12, n. 28 (2022) 11-42.

DOLTO, F.; SÉVERIN, G. *L'évangile et la foi au risque de la psychanalyse ou la vie du désir*. Paris: Gallimard, 1996.

DOUGLAS, M. *Purity and danger. An analysis of the concepts of pollution and taboo*. London: Routledge, 1966.

DUQUOC, C. Discrétion du Dieu trinitaire et mission chrétienne. *Lumière & Vie*, n. 49, v. 245 (2000).

ECO, U. *I limiti dell'interpretazione*. Milano: Bompiani, 1990.

ELIADE, M. *Tratado de história das religiões*. Lisboa: Asa, 1992.

FALK, D. *Finding our tongue. Mothers, infants and the origin of language*. New York: Basic books, 2009.

FAURE, Ph. *Les anges*. Paris: Cerf, 2004.
FICKER, R. Mal'ák. JENNI, E.; WESTERMANN, C. *Dizionario Teologico dell'Antico Testamento*. Torino: Marietti, 1990 (I).
FIORENZA, E. S. *Jesus. Miriam's child, Sophia's prophet – Critical issues in feminist Christology*. New York: Continuum/SCM, 1994.
_____. *As origens cristãs a partir da mulher. Uma nova hermenêutica*. São Paulo: Paulinas, 1992.
GEORGE, A. L'emploi chez Luc du vocabulaire de salut. *New Testament Studies*, v. 23 (1976/1977).
GESCHÉ, A.; SCOLAS, P. *Le corps chemin de Dieu*. Paris: Cerf, 2005.
GIRARD, R. *La violence et le sacré*. Paris: Grasser, 1972.
GRANGER, É. De la fusion à la différence. *Lumière & Vie*, v. 173 (1985).
GREIMAS, A. La parabole. une forme de vie. PANIER, L (éd.). *Le temps de la lecture. Exégèse biblique et sémiotique*. Paris: Cerf, 1993.
GRENIER, B. *Jesus the Teacher*. Homebush: Alba House, 1995.
GRUEN, A. *A traição do eu. O medo da autonomia no homem e na mulher*. Lisboa: Assírio & Alvim, 1996.
GUERRA, T. *O mel*. Lisboa: Assírio & Alvim, 2004.
HALL, E. T. *La dimensione nascosta. Vicino e lontano. Il significato delle distanze tra le persone*. Milano: Bompiani, 1998.
HAN, B.-C. *La sociedad del cansancio*. Barcelona: Herder, 2012.
HORNE. H. *Jesus the Master Teacher*. New York: Association Press, 1920.
HORSLEY, R. A. *Banditi, profeti e messia. Movimenti popolari al tempo di Gesù*. Brescia. Paideia, 2004a.
_____. *Jesus e o Império. O Reino de Deus e a nova desordem mundial*. São Paulo: Paulus, 2004b.

HUYGHE, F.-B. Un voyage mystérieux. *Le courrier de l'Unesco (Pèlerinages)*, maio 1995.
INÁCIO DE LOYOLA. *Exercícios Espirituais*. Braga: Apostolado da oração, 2012. [*Exercícios Espirituais de Santo Inácio*. São Paulo: Loyola, 2015.]
KARRIS, R. *Luke, artist and theologian. Luke's Passion account as literature*. New York: Paulist Press, 1985.
KUNDERA, M. *A lentidão*. Porto: Asa, 1997.
LACARRIÈRE, J. *Chemin faisant*. Paris: Fayard, 1977.
LESKY, A. *História da literatura grega*. Lisboa: Gulbenkian, 1995.
LETE, G. O. *Mitos y leyendas de Canaan segun la tadición de Ugarit*. Madrid: Cristandad, 1981.
LÉVINAS, É. *Totalità e infinito. Saggio sull'esteriorità*. Milano: Jaca Book, 1977.
LÉVI-STRAUSS, C. *Antropologia estrutural II*. São Paulo: Cosac Naify, 2013.
_____. *Mythologiques. Le cru et le cuit*. Paris: Plon, 1964.
LOPES, A. *Dobra*. Lisboa: Assírio & Alvim, 2014.
MACK, B. *A myth of innocence. Mark and Christian origins*. Philadelphia: Fortress Press, 1988.
MANIGNE, J.-P. *Le Maître des signes*. Paris: Cerf, 1987.
MARGUERAT, D. (éd.). *La Bible en récits. L'exégèse biblique à l'heure du lecteur*. Genève: Labor et Fides, 2003.
MARSHALL, I. *Luke. Historian and theologian*. Downers Grove, IL: InterVarsity Press, 1988.
MCLUHAN, M. *Compreender os meios de comunicação*. Lisboa: Relógio d'Água, 2008.
MEIER, J. P. *A marginal Jew. Rethinking the historical Jesus*. Yale: Yale University Press, 1991-2009. 4 v.
MERLEAU-PONTY, M. *Phénoménologie de la perception*. Paris: Gallimard, 1976.

_____. *L'œil et l'esprit*. Paris: Gallimard, 1964.

MOINGT, J. L'Esprit Saint. Le Troisième. *Études*, v. 6 (2003) 777-786.

MOURÃO, J. A. *Quem vigia o tempo não semeia*. Lisboa: Pedra Angular, 2011.

MOXNES, H. *Poner a Jesús en su lugar. Una visión radical del grupo familiar y el Reino de Díos*. Estella: Verbo Divino, 2005.

NEUSNER, J. Two pictures of the Pharisees. Philosophical circle or eating club. *Anglican Theological Review*, 64 (1982).

OLIVEIRA, P. R. F. O Verbo se fez poesia. A Revelação de Deus na abordagem poética de José Tolentino Mendonça. *Teoliterária. Revista de literaturas e teologias*, v. 10, n. 22 (2020) 410-443.

PALLASMAA, J. *Los ojos de la piel. La arquitetura y los sentidos*. Barcelona: Gustavo Gili, 2014.

PASTOUREAU, M. *Bleu. Histoire d'une couleur*. Paris: Seuil, 2002.

PAULO VI, PAPA. *Constituição Dogmática Dei Verbum. Sobre a revelação divina*, 1963, n. 24. Disponível em: https://www.vatican.va/archive/hist_councils/ii_vatican_council/documents/vat-ii_const_19651118_dei-verbum_po.html. Acesso em: out. 2024.

PELLETIER, A.-M. Pour que la Bible reste un livre dangereux. *Études*, v. 397, n. 10 (2002) 335-345.

_____. *Lecture du Cantique des cantiques*. Roma: PBI, 1989.

PERNIOLA, M. *L'estetica del Novecento*. Bologna: Il Mulino, 1997.

PERROT, C. Images et paraboles dans la littérature juive ancienne. In: DELORME, J. *Les paraboles évangéliques*. Paris: Perspectives Nouvelles, 1989.

PESSOA, F. *Alberto Caeiro. Poesias*. Lisboa: Assírio & Alvim, 2001.

_____. *Poemas de Álvaro de Campos*. Lisboa: Imprensa Nacional/Casa da Moeda, 1990.

PROCKSCH, O. Dabar. *Grande lessico del Nuovo Testamento*. Brescia: Paideia, 1970. v. VI

RICOEUR, P. *L'herméneutique biblique*. Paris: Cerf, 2001.

_____. *A metáfora viva*. Porto: Rés, 1983.

_____. *Temps et récit* (1, 2 et 3). Paris: Seuil, 1983-1985.

_____. *Du texte à l'action. Essais d'herméneutique II*. Paris: Seuil, 1986.

ROSS, A. P. *Creation & Blessing. A guide to the study and exposition of Genesis*. Grand Rapids: Baker Books, 1996.

RUBENS, P. *Discerner la foi dans des contextes religieux ambigus. Enjeux d'une théologie du croire*. Paris: Cerf, 2004.

SANDERS, E. P. *A verdadeira história de Jesus*. Lisboa: Notícias, 2004.

_____. *Jesus and Judaism*. Londres: SCM, 1985.

SKA, J.-L. Gen 18,1-15 alla prova dell'esegesi classica e dell'esegesi narrativa. In: MARCHESELLI-CASALE, C. *Oltre il racconto*. Napoli: D'Auria, 1994.

_____. Creazione e liberazione nel Pentateuco. In: AA.VV. *Creazione e liberazione nei libri dell'Antico Testamento*. Torino: Elle Di Ci, 1989.

_____. "Je vais lui faire un allié qui soit son homologue" (Gn 2,18). À propos du terme "ezer-'aide". *Biblica*, v. 2 (1984).

SIMOËNS, Y. *Le Cantique des cantiques. Livre de la plénitude*. Bruxelles: Lumen Vitae, 2004.

SISTI, A. Misericordia. ROSSANO, P.; RAVASI, G.; GIRLANDA, A. (éd.). *Nuovo dizionario di teologia biblica*. Torino: Paoline, 1991.

SÖDERGRAN, É. *Poèmes complets*. Paris: P. J. Oswald, 1973.
SONTAG, S. The Aesthetics of Silence [1969]. In: _____. *Styles of Radical Will*. London: Penguin Books, 2009.
_____. *Against interpretation*. New York: Dell publishing, 1961.
STEINBECK, J. *East of Eden*. New York: Viking Press, 1952.
STENSCHKE, Ch. *Luke's portrait of gentiles prior to their coming to faith*. Tübingen: Mohr/Siebeck, 1999.
TAVARD, G. *Les anges*. Paris: Cerf, 1971.
THEISSEN, G. *A theory of primitive Christian religion*. London: SCM Press, 1999.
TODOROV, T. *Poétique de la prose*. Paris: Seuil, 1978.
VAUX, R. *Les institutions de l'Ancien Testament*. Paris: Cerf, 1991.
VAZ, A. *A visão das origens em Génesis 2,4b–3,24*. Lisboa: Didaskalia, 1996.
VERMES, G. *Enquête sur l'identité de Jésus. Nouvelles interprétations*. Paris: Bayard, 2003.
_____. *Jesus, the Jew. A historian's reading of the gospels*. Minneapolis: Fortress Press, 1973.
WEIL, S. *Espera de Deus*. Lisboa: Assírio & Alvim, 2005.
WEISER, A. *Pisteúo. Grande lessico del Nuovo Testamento*. Brescia: Paideia, 1975. v. X.
WHITERINGTON, B. *Jesus the Sage. The pilgrimage of Wisdom*. Minneapolis: Fortress Press, 1994.
WRANGHAM, R. *Catching Fire. How Cooking Made Us Human*. New York: Basic Books, 2009.
YOURCENAR, M. *Memórias de Adriano*. Lisboa: Ulisseia, 2005.
ZUMSTEIN, J. Jésus et les paraboles. DELORME, J. *Les paraboles évangéliques. Perspectives nouvelles*. Paris: Cerf, 1989.

Conheça, do mesmo autor, o início dessa jornada de Saberes e Sabores!

Francys Silvestrini Adão, SJ

autobiografia gastronômica

Carlos Alberto Dória e a construção de um projeto culinário autêntico

Edições Loyola

Há muitas formas de lidar com a comida e com a vida!

Edições Loyola www.**loyola**.com.br

Edições Loyola

editoração impressão acabamento

Rua 1822 nº 341 – Ipiranga
04216-000 São Paulo, SP
T 55 11 3385 8500/8501, 2063 4275
www.loyola.com.br

Conheça, do mesmo autor, o início dessa jornada de Saberes e Sabores!

Francys Silvestrini Adão, SJ

autobiografia gastronômica

Carlos Alberto Dória e a construção de um projeto culinário autêntico

Edições Loyola

Há muitas formas de lidar com a comida e com a vida!

Edições Loyola — www.**loyola**.com.br

Edições Loyola

editoração impressão acabamento

Rua 1822 n° 341 – Ipiranga
04216-000 São Paulo, SP
T 55 11 3385 8500/8501, 2063 4275
www.loyola.com.br